부동산 왕초보의 금융자산 100% 활용 비법

부동산&금융 100문 100답

부동산 왕초보의 금융자산 100% 활용 비법

부동산&금융 100문 100답

박정수 · 김남수 지음

《부동산 투자
100문 100답》
실천편

평단

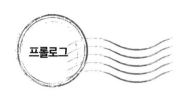

여러분 스스로
가난을 선택하고 있는 건 아닌가?

누구나 다 행복하고 부유하게 살고 싶어 한다. 그러면서도 자신이 처한 현실에 대해 많이 답답해하고 한편으로는 원망하기도 한다. 하지만 정작 자기 자신에 대한 노력은 별로 하지 않는 사람이 의외로 많다.

난 이런 모습을 보면 답답하다. 그렇게 노력도 하지 않고 TV나 보고 있고 어디 놀러 다니는 사람에게 난 그럴 시간 있으면 자기가 하고 싶은 일을 위해 학원에 다니든지, 자신을 업그레이드할 수 있는 방법을 연구하든지, 아니면 열심히 더 일해서 빨리 목돈을 만들라고 말한다.

현실이 답답하고 나는 왜 이러는지 모르겠다고 하면서도 노

력하지 않는 것은 어쩌면 그 사람의 마음속에 절실함이 없기 때문 아니겠는가?

가난이 여러분의 삶에서 벗어나지 않는다고? 여러분이 흙수 저라고? 아니다. 가난은 어쩌면 여러분이 선택하고 있는 것이다. 남들 하는 것, 남들 노는 것을 다 하면서 부자가 될 수 있다고 생각하는가? 남들 놀러 다닐 때 같이 놀러 다니고, 남들 밥 먹는 시간에 똑같이 밥 먹고, 남들 퇴근할 때 같이 퇴근하고, 남들 술 마실 때 같이 술 마시면서 여러분이 정말 부유하고 당당하게 살 수 있을 것 같은가? 절대 아니다.

난 보험설계사로서 일할 때 처음 2년 동안은 술 한 번 입에 대지 않았다. 친구도 한 명 만나지 않았다. 성공하고 만나겠다고 다짐을 했기 때문이다. 그러면서 최악의 밑바닥에서 시작해서 지금의 이 부자 반열에 도달하게 된 것이다. 그런 처절함이 있었기 때문에. 절실해야 한다. 지금의 나 자신을 완전히 버려야 한다. 그리고 완전히 새로 태어나야 한다.

난 세상을 살아오면서 주변에서 못나고 자기변명만 하는 사람들을 너무나 많이 봐왔다. 이런 사람들을 보면 정말 화가 치밀어 욕이라도 해주고 싶다. 난 그렇다.

여러분이 내가 저술했던 부동산 관련 책《왕초보도 100% 성공하는 부동산 투자 100문 100답》,《나는 갭 투자로 300채 집주인이 되었다》를 읽고, 그 투자 방법을 정확히 배우고 행동으로 옮기면 부자가 될 수 있다. 아니 분명히 된다.

남들보다도 월등히 많은 돈을 벌 수도 있고, 생활의 여유도 갖게 된다. 또한 주변의 사람들도 많이 도울 수 있고, 남들이 부러워하게 되며, 여유롭게 살 수 있다.

하지만 내가 여러분에게 바라는 것이 부자가 되는 것뿐일까? 그래서 이렇게 내가 여기에 글을 쓰고 여러분 앞에서 침 튀기며 미치도록 설명하는 거라 생각하나?

아니다. 솔직히 난 여러분이 당신의 삶에 분노하기를 바란다. 지금까지의 삶의 태도를 완전히 바꾸고 진정한 자기 삶의 주인이 되기를 바라는 것이다.

자기 삶의 노예가 되어 시간과 생활을 통제하지도 못하는 사람이 부자가 된다면 얼마나 큰 부자가 되겠는가? 지금까지의 삶이 절망스러웠고 아무런 희망이 없었다면 이제부터는 거대한 희망을 보며 역동적인 삶을 살아가자는 것이다.

지금까지의 여러분의 삶이 만족스러웠다면 굳이 분노 같은 것을 느낄 필요가 없고 또한 이 책을 볼 필요도 없다. 하지만 지금까지의 당신의 삶이 당신이 바라던 모습이 아니라면 인생을 완전히 바꿔야 한다.

지금의 상황을 박차고 나와 현재의 이 거친 세상 속에 여러분의 모든 것을 걸고 미친 듯이 한번 도전해보자는 것이다. 죽도록 노력해야 한다. 살얼음판 같은 현실, 피 튀기는 이 전쟁터에서 여러분이 살아남아야 한다.

선명한 목표를 갖고 죽도록 뛰어야 한다. 그러면서 승리를 맛보아야 하고, 여러분이 하는 일에서 최고가 되어야 하고, 그 결과로 내가 말한 소형 아파트 투자를 하고, 아파트를 수십 채로 늘리면서 당신 인생의 주인이 되어야 하지 않겠는가?

지금까지 살아오던 그 모습이 여러분이 그렇게도 바라던 모습이었던가? 아니라면 이제부터 당신의 인생 역전을 만들어보자. 인생 역전은 당신이 복권에 당첨되어서 기뻐하는 그런 모습이 아니라, 당신의 삶이 완전히 뒤집어질 만큼 피 터지게 노력하는 그런 모습이다. 바로 거기에 성공의 법칙이 발생한다는 점을 말하고자 하는 것이다.

부동산 투자란 그런 자세로 해야 하는 것이고, 금융을 함께 이용하는 것이고, 그러면서 부자가 되어야 한다. 지금의 자기 삶에 노력을 다하지 않으면서 부자가 되고자 하는 것은 스스로에게 범하는 최대의 사기 아닐까?

여러분이 부자가 되게 해드리고 싶은 마음에, 나의 이전 책 두 권에 이어 또 한 권의 책을 내고자 한다. 이 책은 현재 정부나 건설회사, 금융회사 등에서 말하려 하지 않는 비밀을 나와 김남수 과장이 함께 나름대로 생각을 갖고 정리하면서 썼다.

우리가 경제생활을 하다 보면 어설프게 알거나 몰라서 당하는 일이 많다. 금융상품에 가입한 이후 중간에 해약을 하거나 또는 잘못 가입함으로써 얻는 사회적 손실이 굉장히 크다는 것을 이미 잘 알 것이다. 부동산에 대한 지식이 부족한 상태에서 투자를 함으로써 당하게 되는 손실 또한 만만치 않다.

우리는 이런 점에서 독자 여러분에게 도움을 드리고 싶었다. 수년 동안 재무설계사로 일하면서 수많은 경험을 통해 얻은 지식을 독자 여러분에게 전달함으로써 여러분이 이후에 겪을 수 있는 큰 손실을 방어해드리고 싶었다.

또한 저자가 겪은 수많은 경험을 예로 들면서 어떤 삶의 모습이 부자가 되는 빠른 길을 안내하는지에 대해 기술했다. 부디 이 책이 여러분의 인생에 나침반 역할을 하기를 바란다. 여러분이 거대한 부자가 되는 데 있어 큰 도움이 되기를 바라는 마음뿐이다.

2016년 11월 24일

PJS컨설팅 대표 박정수

부동산 왕초보의 금융자산 100% 활용 비법
부동산&금융 100문100답
c o n t e n t s

Part 01

부자 시크릿
부자들만 아는 부자 노하우

Part 02

부동산 시크릿

뉴스테이 시대의 부동산 재테크

Part 03

금융 시크릿
저금리 시대의 금융자산 관리

Part 01 부자 시크릿

부자들만 아는
부자 노하우

01

평범함을 거부하라?

사람들은 대부분 평범하게 사는 게 좋다고 말한다. 그저 조용히, 눈에 띄지 않게, 다른 사람들과 비슷하게 사는 게 편하다고. 하지만 난 반대다. 그런 평범함을 거부해야 부자가 될 수 있다. 우리 모두 엄청난 자산가가 되어보자.

내가 이전에 쓴 책(《부동산 투자 100문 100답》,《나는 갭 투자로 300채 집주인이 되었다》)에서 밝혔듯이, 소형 아파트에 투자해라.

주변에서 남들이 그렇게 아파트가 많으면 위험하다는 등의 이야기를 해도 무시하자. 그런 평범한 사람들의 말은 무시하라.

보통 사람이 소형 아파트 20채를 갖는다는 게 그렇게 어려운 일이 아니다. 어쩌면 나중에 50채, 100채까지 의외로 쉽게 갖게 될지도 모른다.

또한 여러분이 몸담고 있는 회사에서도 최고가 되어보자. 업무로 최고가 되든지, 아니면 노는 것으로 최고가 되든지, 처세의 최고가 되든지 그저 조용히 살지 말자. 이렇게 조용히 살고, 눈에 띄지 않게 살려고 태어난 것은 아니지 않은가?

여러분이 부자가 되고 나면 돈도 아끼지 말고 열심히 쓰자. 술 먹고, 비싼 옷 사 입으며 흥청망청 쓰란 말이 아니다. 자기 자신을 위해 하고 싶었던 일에 기꺼이 돈을 써보라는 말이다. 돕고 싶었던 사람을 위해, 고마웠던 사람이나 아끼는 사람을 위해, 또 자기 계발을 위해서도.

그동안 돈 없고 시간 없어서 못 한 일도 해보자. 좋은 사람들과 함께 느긋하게 식사도 하고, 가족과 함께 즐거운 시간도 보내면서 말이다.

평범한 사람들은 "우리가 어떻게 부자가 되겠어?"라며 그저 모험은 하지 말고 조용히 살아야 한다고 말한다.

여러분이 이런 이야기를 들으면 차라리 화를 내라. 그리고 여러분이 부자가 될 수 있다는 강한 확신을 보여라. 무조건 부자가 되고 말 거라는 의지를 표현하자. 그것도 10년 안에! 평범하다는 것은 생명력이 없다는 것과 같다.

두 눈 부릅뜨고 강한 의지를 갖고 비범하게 살자. 평범함을 거부하자. 미래의 멋진 나의 모습, 또 가족의 모습을 그리면서. 평범함을 거부할수록 당신은 부자에 더 가까워진다.

02

부모님 세대의 말은 듣지 마라

재테크에 관한 한 부모님 세대의 말은 절대 듣지 마라. 부모님 세대는 지금 우리와는 전혀 다른 재테크 환경에서 사셨다. 상황이 아주 많이 다르다. 이분들은 구시대의 삶과 행동으로 판단하시는데 어찌 지금의 당신 상황을 알겠는가?

부모님의 재테크 조언을 그대로 따른다면 당신은 절대 부자가 될 수 없다. 나도 만약 아버지의 말씀만을 따랐다면 지금 아파트 300채를 소유하고 있기는커녕, 살고 있는 아파트 한 채에 겨우 만족하며, 아파트 대출이나 열심히 갚고 있을 것이다.

인생을 살아가는 태도나 가족 간의 예의 같은 것은 당연히 부모님의 말씀을 듣고 열심히 따라야 한다. 수없이 많은 일들을 경험하며 살아오신 데 대한 철학을 무시해서는 안 된다. 당연히 따라야 할 것이다.

하지만 재테크에 관한 한 여러분이 가야 할 길이 따로 있다. 여러분이 정말로 가고 싶어 하는 길 위에, 너무나도 하고 싶어 하는 일 속에 돈을 벌 수 있는 일들이 수없이 널려 있다는 것을 알아야 한다.

그러나 부모님들은 그저 무난하고 안전한 삶을 바라신다. 우리 부모님도 하시는 말씀이 항상 똑같았다.

"좋은 직장에 들어가서 열심히 저축하고, 그런 다음 아파트 한 채 사서 빨리 대출을 갚아나가고, 결혼해서 행복하게 살아라. 부동산 투자는 위험한 것이니 절대 해서는 안 된다, 대출은 무서운 것이니 빌리지 않는 게 좋고, 빌리더라도 하루라도 빨리 갚아야 한다."

그런 말씀에는 따르지 않는 게 좋다. 어쩌면 부모님이 권하는 방법과 반대로 가야 더 빨리 부자가 될 수 있다.

03
부자는 이런 모습이 아니다

친구들이나 동료들과 술을 먹다가도 술값 계산할 때가 되면 사람들이 왠지 쭈뼛쭈뼛한다. 난 이런 것이 정말 싫다.

내가 뭔가 너무나도 하고 싶고 열정은 많은데 돈이 없어서 못 할 때, 난 부자가 되어야 한다고 생각했다. 개인 일은 모두 반납하고 회사에서 밤늦게까지 일을 해야 할 때, 내가 가고 싶은 곳이 있고 뭔가를 배우고 싶어도 시간이 없을 때, 부자가 되고 싶었다. 불쌍한 사람들을 보면서 저 사람들 몰래 뭔가 돕고 싶어도 나도 모르게 손이 떨릴 때, 나는 나 자신이 싫었다.

드라마에서 보면 부자들은 명품으로 몸을 휘감고, 고급 승용차를 타고 다니고, 도둑놈 같은 심성을 가진 사람들로 묘사되곤 한다. 하지만 실제로 내가 아는 부자 중에는 그렇지 않은 분도 많다. 이분들은 부자가 돈을 어떻게 써야 할지, 시간을 어떻게 써야 할지 잘 안다. 기부도 많이 하고 돈을 통 크게 쓸 줄 아는 멋있는 부자들도 많다는 말이다.

며칠 전 회사 동료가 "이 사람, 멋있다"며 읽을거리를 하나 보여주었다. 재산이 수백억 원대인 부자인데, 밥값으로 5,000원 이상 써본 적이 없고, 누구한테 밥도 한 번 안 샀고, 10년 이상 옷도 사 입은 적이 없다고 한다. 이게 멋있는 건가? 어쩐지 난 불쌍하다는 생각이 드는데.

부자가 되면 뭐하나? 삶의 모습이 가난할 때와 다름없이 초라하고 인색하다면? 부자가 되려는 건 더욱 인간답고 행복하게 살기 위해서 아니던가?

풍요로운 자리를 마련해 좋은 사람과 시간을 나누고, 멋스럽고 깔끔한 옷을 입어 품격을 높여보기도 하고, 돈 때문에 기회를 얻지 못하는 가난한 사람을 돕기도 하고……, 그래야 하지 않을까?

<u>수백억 원대 재산을 갖고 있으면 뭐하나? 생활이 거지와 다름없고 마음이 가난한데……. 절대 이런 부자는 되지 말자!</u>

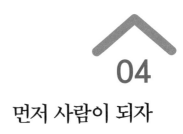

04

먼저 사람이 되자

사람이 된 사람들의 특징은 아마 이럴 것이다. 인격이 있고 인간성이 높은 사람, 품성이 뛰어난 사람, 다른 사람들으로부터 존중받고 존경받는 사람, 겸손하고 거만하지 않은 사람, 그 사람들을 따르고 싶어 하는 사람이 많은 사람, 돈을 제대로 쓸 줄 아는 사람.

나는 이런 사람들이 정말 큰 부자가 될 수 있다고 생각한다. 물론 자기 일을 아주 잘하는 전문적인 능력도 필요하다. 하지만 부자는 자기의 능력만으로 되는 게 아니다.

주변 사람들, 직장의 상사, 자기가 알고 있는 부자들⋯⋯. 이런 사람들이 그 사람을 도와줄 수 있는 기회가 존재해야 하는 것이다. 그런데 인간성이 없고 메마른 사람, 자기 이익만을 쫓는 사람에게 도움을 줄 사람이 있겠는가?

진정한 성공을 거둔 사람들을 보면 인간적인 매력도 넘친다. 마음의 그릇도 넓고, 남에게 배푸는 것도 많고, 그 인품 또한 다른 사람들과 비교할 수 없을 정도로 훌륭하다.

지금까지 이렇게 살아오면서 만나온 수많은 사람들 중에는 정말 욕이 저절로 나오는 사람들도 많았다. 그런 사람이 부자가 될 수 있겠는가?

눈앞의 이익에만 치우치는 사람은 절대 부자가 되지 못한다. 성품이 돼먹지 못한 사람도 부자가 되지 못한다. 예의를 모르는 사람도, 고마움을 모르는 사람도 부자가 될 수 없다.

진정 부자가 되려면 사람이 먼저 되어야 한다. 다른 사람이 보고 배우고 싶어 할 만한 인격과 품성을 지녀야 하고, 마음의 그릇도 넓혀야 한다.

어떤 사람들은 자기 것을 움켜쥐고 자기가 아는 것을 절대 남에게 알려주지 않으려는 사람들이 있다.

내가 예전에 근무했던 보험회사 영업 조직에도 종종 그런 사람들이 있었다. 자기가 먼저 알게 된 노하우를 절대 남에게 말하지 않으려 하고, 혼자만 일을 잘하고 싶어 하는 사람들……. 난 그런 사람들이 결코 오래 인정받지는 못할 거라 본다.

남을 도우려 해야 한다. 남에게 베풀고, 남에게 힘이 되어주고, 남의 성공을 자기 일처럼 축하해주고, 남의 발전에 진심으로 박수를 쳐줄 줄 알아야 한다. 그런 사람일수록 더 크게 성장하고, 더 위대해지고, 본받을 만한 부자가 될 수 있다.

성공한 사람일수록 스스로 자신의 실력을 더 키우려고 노력하게 되고, 도태되지 않으려고 더욱 더 부단히 노력하게 된다.

어디 한번 그런 멋진 부자가 되어보자. 양아치같이 사악하고, 자기 것만 움켜쥐려 하는 졸렬한 부자는 되지 말자!

내가 부자가 된 노하우를 이렇게 책으로 내는 이유는 "정수! 너로 인해 네 주변이 기쁘게 해라!" 하셨던 아버지의 가르침 때문이다. 또한 다른 사람들과 함께 나누고 베풂으로써 내가 더욱 더 큰 사람이 되고자 함이다. 책을 읽은 많은 사람들의 인생이 180도 바뀐다면 이 얼마나 위대한 일인가? 생각만해도 가슴이 뛴다.

여러분도 부디 남의 성공을 돕는 부자가 되시길 바란다. 그러다 보면 신이 당신에게 뜻하지 않은 행운의 선물을 주지 않을까?

05
그렇게 계속 계산만 해대며
앉아 있을 건가?

　똑똑한 사람들은 투자를 하려고 할 때 뭔가 열심히 계산부터 한다. 그러고 또 계산하고, 또 계산하고. 그러고 나서도 행동에 옮기지 못하는 것이 바로 이런 사람들의 특징이다. 두렵기도 하고, 생소하기도 하고, 뭔가 좀 내키지 않는다면서 계속 계산만 해댄다.

　그러다 투자 시기를 놓친 소형 아파트가 시간이 흘러 가격이 대폭 오르면 '왜 그때 과감히 투자를 하지 못했을까' 후회만 되풀이한다.

　다른 좋은 투자 대상이 나타났을 때, 과연 이 사람이 이번에는 과감히 행동으로 옮길 것 같은가? 절대 그러지 못한다. 아무리 좋은 투자 대상이 또 나타난다 해도 주야장천 계산만 해대고 앉아 있을 것이다.

뭔 놈의 계산만 그렇게 하고 있는 건지! 나 같은 부동산 부자들은 그런 사람들을 보면서 활짝 웃는다. 그들이 주판알만 튕기고 있을 때 나는 바로 투자를 행동으로 옮길 수 있기 때문이다.

이렇게 자기 계산 능력만 믿는 똑똑한 사람은 주식에 대한 정보도 많고, 펀드에 대해서는 무슨 박사 호칭이라도 붙여줘야 할 것만 같다. 부동산에 대한 정보는 또 얼마나 막강한지.

하지만 이런 사람들이 가질 수 있는 자산은 불과 아파트 한 채 정도다. 계산에 계산을 거듭하다 마침내 강남쪽 아파트 한 채를 구입하고 나서는 아주 많이 기뻐할 것이다. 그게 자기 자신에게 부채라는 사실은 모른 채 말이다.

난 이러한 사람들처럼 똑똑하지도 않다. 난 좋은 대학도 나오지 않았고, 회사 조직에 얽매이는 생활도 하기 싫어한다.

대신 난 무식하고 단순하다. 그래서 내 감으로 부동산에 대한 필(feel)이 오면 바로 행동으로 옮긴다. 그리고 기다린다.

예전에는 아무것도 몰라 실패도 하고 이용도 많이 당했지만, 지금은 그 많은 실패와 실수를 통해 배운 것이 꽤 많이 쌓였다. 이제 부동산 투자에 있어 실수나 실패는 거의 없다고 자부한다. 바로 행동으로 옮길 수 있는 능력, 이것이 나를 부자로 만들어주었고, 똑똑하고 좋은 학교를 나온 사람들과 나의 차이점이다.

난 솔직히 나처럼 무식한 사람이 투자를 한다고 할 때는 참 무섭다. 투자의 세계는 무식한 사람이 이긴다. 계산은 짧게 하고, 확신이 섰을 때 바로 투자를 행동으로 옮기는 사람이 승리한다. 내가 지금까지 10여 년 동안 부동산에 투자해온 경험으로 봤을 때 그렇다.

06

미래의 청사진을 믿지 마라

미래를 예측하지 말자. 또한 미래가 어떻게 될 거라고 예측하는 재테크 전문가들의 말도 믿지 말자.

나는 예전에 부자가 되고 싶어서 별의별 전문가들을 다 만나봤고, 유명하다는 책의 저자들도 많이 만났다. 하지만 그들의 예측이 얼마나 맞았을 것 같은가? 헛웃음만 나올 뿐이다.

무슨 데이터를 갖고 예측한다는 전문가들은 더 실망스러웠다. 지금 생각해보면, 그들이 데이터에 의존했던 게 자신감이 없어서 그랬나 싶기도 하다.

이들 중에는 그 수많은 데이터를 갖고 10여 년 전부터 지금까지 우리나라 부동산이 폭락할 거라 주장하는 사람도 있다. 만약 내가 이 사람의 말만 계속 믿고 있었다면 평생 가난하게 살 수밖에 없었을 것이다.

진정 성공한 사람, 진정한 부자들은 데이터에 의존해 말만 하는 게 아니라 자기의 수없이 많은 경험을 바탕으로 행동에 옮긴다.

우리는 Part 03에서 설명할 변액이라는 금융상품으로 돈을 모으고, 저평가된 아파트 또는 매매가와 전세가의 차이가 아주 적은 아파트를 발굴해서 그곳에 투자하면 된다. 그리고 계속 기다리는 것이다. 남들이 팔라 해도 팔지 말자. 그냥 갖고 있자.

아파트 가격이라는 것이 단기간에는 가만히 있다가 갑자기 폭발하듯 뛰는 경우가 대부분이고, 전세 가격은 시간이 흐름에 따라 계속 오르는 것이기 때문에 그 전세 상승분을 수익으로 생각하고 계속 기다리면 된다.

또한 장기간 보유하고 있으면 그것이 기적을 만들기도 한다. 남들이 단기간에 수익을 얻고자 해도 우리가 장기적인 안목으로 계속 기다리면 더 큰 수익을 얻을 수 있는 것이다.

영종 하늘도시, 청라지구 등등 예전에는 그리 유망하다고 떠들썩했던 아파트들이 지금은 어떤가? 처음에 장밋빛 미래를 꿈꾸며 분양받았던 사람들 중에 지금 피눈물을 흘리는 사람이 얼마나 많은가?

미래를 쉽게 예측하지 말자. 지금과 같은 저성장 시대에 미래의 계획이 제대로 이루어질 수 있을지도 미지수이다. 부동산이라는 것은 현재의 상황만 갖고 판단해도 충분하다.

07

부자들은 부자가 되는 방법을
절대 알려주지 않는다

나는 살면서 참 많은 일들을 겪어왔다. 이 책에 공개하기에는 어떻게 그런 일이 있을 수 있을까 싶을 정도로 너무나 충격적인 일들이 많았지만 쓰지는 않으려고 한다.

그런 일이 생길 때마다 난 부자가 되고 싶어 했다. 내게 상처를 준 많은 사람들 앞에 아주 당당하고 멋지게 나타나고 싶었다. 그래서 난 열심히 연구하고, 실행하고, 또 연구하면서 전문가라는 사람들도 열심히 찾아다녔다.

그런데 참 신기한 게 있었다. 그건 바로 전문가라고 하는 사람들 중에 진정 그 분야의 제대로 된 전문가는 별로 없었다는 것이다. 자기를 보려면 수업료를 내야 한다기에 수업료도 갖고 가서 직접 만나 보기도 했지만, 막상 하는 말을 들어 보면 이 사람이 정말 제대로 알고 있는 건지 의심스러운 때가 많았다.

지금 그 사람들을 생각해 봐도 참 우스꽝스럽다. 아직도 그들은 전문가를 자처하며 자기 돈으로 광고를 하고 다닌다고 한다. 이런 사람들을 만나고 나면 어찌나 허탈하던지.

이렇게 노력하고 노력한 끝에 정말 제대로 된 부자를 옆에서 만날 수 있겠다 싶은 날도 있었다. 그 사람은 우리나라 모 지역에서 특히 유명했는데 만나기가 아주 힘들다고 했다. 언젠가 나도 한번 만나고 싶다고 연락을 했지만 소문대로였다. 아무리 부탁해도 시간을 내주지 않았다.

그렇다고 내가 거기서 포기할 사람은 아니었다. 부탁하고 또 부탁해서 간신히 약속을 잡았다. 상담료도 이전과는 상대도 안 될 만큼 많았지만, 상담료 따위는 전혀 문제가 아니었다. 그 사람의 노하우를 알 수 있다는 기쁨에 무조건 달려갔다. 하지만 그분은 끝내 날 만나주지 않았다. 그때는 그게 어찌나 야속하던지.

그 이후에도 제대로 된 부자들을 몇 번 만날 기회가 있었지만 그분들 모두 자기의 노하우를 절대 밝히는 법이 없었다. 난 한참 뒤에야 알게 되었다. 부자들은 자기의 노하우를 절대 밝히려 하지 않는다는 것을.

그 뒤로는 성공할지 실패할지 모른 채 그냥 무조건, 정말 열심히 부동산 투자를 실행했다. 그러면서 많은 것을 배웠다. 성공하고 싶은 마음 때문에 무조건 실행만 했다. 실패하면 어쩌지? 하는 생각은 단 한 번도 하지 않았다.

예전에 현대그룹 고 정주영 회장이 하던 말이 있다.

"이봐! 해봤어?"

그 말만 자신을 향해 던지며 두려움 속에서 꿋꿋하게 실행한 것이 지금의 나를 만들었다. 물론 실패와 좌절도 있었지만 말이다.

나는 요즘 세상에서 너무나 일반적인(?) 그 부자들과는 다르게 살고 싶다. 세상을 열심히 살아가는 사람들, 성품이 훌륭한 사람들에게 희망과 꿈을 드리고 싶다. 그래서 이렇게 책을 쓰고 있는 것이고.

그리고 책을 통해 여러분께 꼭 드리고 싶은 말이 있다. **부자들은 부자가 되는 방법을 절대 당신에게 알려주지 않는다!**

그래서 이 세상에 나 같은 사람도 한 명쯤은 필요하다고 생각한다. 부자가 되는 법? 처절한 노력 없이 그걸 알기는 너무 힘들다.

08
성공하려면 선택되어져야 한다

정말 부자가 되고 싶은가? 반드시 성공하길 원한다면, 우리는 어떻게 살아가야 할까? 나도 이런 생각을 많이 하며 살아왔다.

사람들은 대부분 자기 인생을 자기가 선택하며 산다고 생각한다. 하지만 나는 시간이 지나면서, 성공하려면 어쩌면 내가 선택되어져야 하는 건지도 모르겠다고 생각하게 되었다.

아무리 탁월한 지식과 능력을 갖추었고 훌륭한 인격을 지닌 사람이라 해도 아무도 알아봐주지 않고, 누구도 선택해주지 않으면 아무 소용 없다.

내가 남과 다르게 살아야 하고, 남보다 특출나야 하고, 나 자신에 대한 마케팅을 잘해서 다른 사람 눈에도 띄어야 하는 것……. 어쩌면 이 모든 것이 결국 선택되어지려고 하는 것 아닌가? 그것이 성공의 지름길 아닌가?

회사에서도 마찬가지다. 아무리 능력 있는 사람도 회사의 방향과 맞지 않으면 그 무리에서 선택되어질 수 없듯이, 지금은 나 혼자 잘나서 그걸로 먹고사는 시대가 아니지 않겠는가? 그렇다면 이 사회가 무엇을 원하는지, 내가 속한 조직이 무엇을 원하는지 빨리 깨우쳐야 하지 않을까?

그래서 난 처세를 정말 중요한 덕목으로 여기는 사람이다. 요즘은 이런 처세를 잘 행하는 사람을 거의 보지 못하겠다.

천상천하 유아독존? 그런 모습을 볼 때마다 난 쓴웃음을 짓게 된다. 혼자 뛰어나려 하면 그 생명력이 절대 길 수 없다고 생각하기 때문이다.

내가 속한 조직 안에서 그리고 내 주변 사람들로부터 선택되어지는 사람이 되자. 그런 사람이 바로 능력이 있는 사람이다.

09
학교 교육으로는 부자가 될 수 없다

내가 금융과 부동산 강의를 할 때, 결론은 항상 제대로 된 금융지식을 갖추고 재무교육도 받아야 한다고 말씀드린다. **자본주의 경제라는 매트릭스 안에서 재무지식을 갖추고 있으면 아는 게 힘이 되고, 모르면 항상 당하고 살 수밖에 없다.**

금융에 대해 제대로 알면 투자 위험을 줄일 수 있고, 세법을 잘 알면 불필요한 세금을 내지 않게 되므로 그만큼 소득이 늘어난다. 그러면 사람들은 꼬박꼬박 받는 월급에 집착하지 않을 것이다. 또 사람들이 은행 시스템을 알면 절대 은행에 저축을 하지 않을 것이고, 게다가 은행에서 빌린 부채를 쉽게 갚지 않고 오히려 그것을 이용해 부를 쌓는 방법을 배울 것이다.

이러니 국가나 금융회사에서 사람들에게 제대로 된 금융지식을 가르쳐줄 리 없다. 그와 마찬가지로, 학교도 학생들에게 재무교육을 제대로 해주는 곳은 단 한 군데도 없다.

난 우리나라의 학교 교육이 학생들에게 공부를 열심히 하게 하고, 그 결과 경쟁적으로 좋은 직장에 취직해서 월급쟁이로서 살아가게 하는 시스템을 만든다고 생각한다. 자산가를 만들고, 투자자를 만들고, 금융회사를 이용해 부를 쌓는 능력을 키워주는 교육이 아니라.

누구나 학교 교육을 받은 뒤 졸업하고 나면 정부의 안정적인 세수 확보에 기여하는 직업을 갖게 되고, 노동으로 번 돈은 금융회사의 수익을 위해 이용될 수밖에 없는 사회 구조에 이미 들어서 있게 된다. 당신 스스로 경제적 힘을 갖지 않으면 평생 그렇게 살아갈 수밖에 없는 것이다.

그러므로 스스로 힘을 가지려면 재무지식을 많이 갖추어야 한다. 그리고 인플레이션을 극복할 수 있는 실물자산을 많이 소유해야 하고, 금융회사들의 농간에 속지 말아야 한다.

부자들은 가만히 앉아서 더 큰 부자가 된다. 가난한 사람은 더 가난해지며 그 숫자도 늘어날 것이다. 정부는 계속 적자재정을 면치 못할 것이고, 그러면 우리는 갈수록 지금보다 더 많은 세금을 내야 한다. 그동안 여러분에게 목청 터지게 유망한 소형 아파트를 소유해야 한다고 말씀드린 것이 바로 이 때문이다.

혹시 여러분은 지금까지 재무상담사, 보험설계사, 증권상담사, 은행 PB 등 너무나 영양가 없는 전문가들의 조언에만 귀기울여 오지는 않았나? 그 전문가라는 사람들의 말에 따르면 따

41

를수록 여러분이 부자가 될 가능성은 낮아질 것이다.

부탁이다. 지금은 절대 은행에 저축할 때가 아니다. 대신 은행에서 좋은 대출을 많이 받아서 그것으로 독점적 지위를 갖는 실물자산, 즉 소형 아파트를 많이 가지시라.

절대 내가 가진 돈만으로는 부자가 될 수 없다. 남의 돈을 이용하는 시스템이 필요하다. 즉 대출 또는 나의 아파트에 살고 있는 전세입자의 전세자금을 이용하여 돈이 돈을 만드는 시스템을 만들어야 하는 것이다. 자기 노동으로만 돈을 만드는 것이 아니라 돈이 계속 굴러 더 큰 돈을 만드는 시스템을 만들기까지 힘들고 어려운 과정을 피할 수는 없겠지만, 시간이 지나면 경제적인 자유를 누리며 더욱 더 삶의 질을 높이면서 살 수 있다.

대신 그때까지 혼신의 힘을 다해 자기 자신의 가치를 높이고, 더욱 열정적으로 많은 것에 도전하는 삶을 살아야 하지 않을까? 한번 해보자. 함께 거대한 부자가 되어 보자.

주위 사람들 말에 귀기울이지 말자. 여러분 주위의 전문가라고 자처하는 사람이나 재테크에 대해 잘 안다는 사람들이 사실은 여러분과 비슷한 수준이거나 더 모르는 사람일 수 있다.

야수처럼 맹렬한 눈빛으로 세상을 향해 도전하고, 그 도전이 본인의 가치를 높여 더 많은 수입으로 돌아오게 만들어야 한다. 그 수입은 실물자산에 투자하여, 그것으로 부디 가족에게 행복을 주는 삶, 자녀에게 존경받는 삶, 본인의 회망과 꿈을 이루는 삶을 만들어나가시길!

10

학벌이 없어 부자가 못 된다?

내가 최근 한 젊은 친구한테 자기는 학벌이 좋지 않아서 성공하기 어렵다고 이야기하는 걸 들었다. 그러면서 계속 자기 부정적인 말만 늘어놓았다.

듣는 내내 어찌나 화가 치밀어 오르던지, '으이구, 이런 자식을 키우는 동안 그 부모는 얼마나 힘들었을까!' 하는 마음이 들며 그의 부모가 안쓰럽게 느껴졌다.

단언하건대, 학벌로 돈 벌던 시대는 이미 지났다. 대신 지금은 자기 자신을 세일즈하는 시대이고, 자기 자신을 브랜드화하는 시대다.

사실 학벌 좋은 사람 중에는 판검사, 변호사, 의사, 대기업 직원이 되는 경우가 많다. 하지만 부정과 비리에 연루되지 않는 한 거대한 부자가 되기는 힘들다.

한편 그 반대의 경우는 현장에서 일하는 경우가 많은데, 정말 부자는 현장에서 탄생한다.

나도 마찬가지다. 거의 10년 동안 현장 경험에서 얻은 그 막대한 지식이 나를 부자로 만들어주었다. 만약 내가 예전에 근무했던 공기업에 있었더라면 직위는 올랐을지 몰라도 항상 돈에 쪼들리는 궁핍한 삶을 살고 있었을 것이다. 안 그렇겠는가?

학벌이 모자라면 여유 시간에 당신 자신을 준비해라. 저녁에 밥을 먹으면 잠이 오니 그때는 밥을 먹지도 말고 공부해라.

친구도 만나지 말고, 술도 끊고, 담배도 끊고……. 그런 정신을 갖고 당신 자신을 준비해라. 만약 시간이 모자라면 회사도 휴직하고 1년만 미치도록 뭔가를 준비해봐라.

당신이 배우고자 하는 분야에 100퍼센트 미쳐보자는 이야기다. 밥 먹는 시간도 아까워하고, 잠자는 시간도 아까워하자. 그렇게 하루 24시간, 미치도록 몰입하면 당신은 1년 안에 신의 경지에 도달할지도 모른다.

분명히 말하지만, 당신이 학벌 때문에 부자가 못 된다는 말은 게으름에 대한 핑계일 뿐이다.

11
자본주의 사회에서
재테크를 모르는 게 자랑인가?

상담을 하는 동안 여러 부류의 사람들을 만나며 정말 놀랄 때가 많다. 환경미화원부터 의사까지, 자기 일에 있어서는 정말 잘도 알고 전문가로서 활동하고 있지만 재테크에 대해서는 아는 것이 거의 없는 분들이 의외로 많기 때문이다.

자본주의 사회에 살아가며 재테크와 투자에 대해 모르는 게 자랑일까? 힘들게 일해서 번 돈을 그저 은행에 갖다 저축만 하고 산다면, 부동산 가격이 왜 오르고 내리는지도 모르고 산다면, 평상시에 재테크나 부동산, 자기 계발에 대한 책 한 권 읽지 않는다면, 경제신문 기사 한 줄 읽지 않는다면, 한 달 내내 투자정보에 대해 한 번도 관심을 안 갖는다면, 남이 큰돈을 벌면 그저 투기일 뿐이라고 치부한다면……, 자본주의에 대해 몰라도 너무 모르는 한심한 사람들 아닌가?

우리가 살고 있는 시대는 새벽에 신문이나 우유를 돌리고, 낮에는 회사에서 근무하고, 밤에는 대리 운전을 하며 죽어라 일만 한다고 돈을 많이 모을 수 있는 사회가 아니라는 말이다.

"나는 일요일에도 쉬지 않고 평생 일만 하고 살았는데……."

이건 지금 같은 자본주의 시대에 부자가 되고 싶어 하는 사람이 할 말은 아니라는 점을 머릿속 깊이 새겨야 한다.

지금의 자본주의는 지식과 정보가 중요한 사회다. 그 지식과 정보로 어떤 투자를 했느냐가 당신이 부자가 되느냐 못 되느냐를 결정짓는다.

제발 아무것도 쓰지 않고 열심히 아끼기만 하거나, 아무 생각 없이 남들 좋다니까 따라서 투자하는 바보짓은 하지 말자.

공부를 하셔라! 당신이 재무지식을 갖춰야 남에게 속지 않고, 당신의 재산도 지킬 수 있다. 또한 지금 같은 자본주의 사회에서는 몸으로만 돈을 버는 것이 아니라 머리로도 돈을 벌어야 한다.

12

어려운 금융지식을 많이 알아야
부자가 된다고?

어떤 책을 보면 금융지식이 많아야 부자가 된다면서 어려운 금융지식에 대한 글을 열심히 써놓고 독자들에게 무턱대고 열심히 읽으라고 한다.

또한 투자지식을 많이 알아야 부자가 된다면서 재개발, 뉴타운, 재건축, 지분경매, NPL 등의 전문용어만 늘어놓으며 독자들을 현혹한다. 그런 걸 알아야 부자가 된단다. 참나! 기가 막혀서.

솔직히 말해서 그런 거 잘 몰라도 부자가 된다는 게 내 지론이다. 위에서 말한 책을 낸 사람들은 그런 책을 써서 돈을 벌고자 하는 사람들이다. 아니면 증권회사나 투자회사에 다니는 사람들로서 투자자를 모으려고 하는 짓들이다.

나? 나는 너무 전문적인 금융지식은 잘 모른다. 그렇게까지 어려운 지식은 알고 싶지도 않다. 내가 왜 그런 것까지 알아야 하는가?

그렇다면 부자가 되기 위해서는 무엇을 알아야 할까? 사실 이 책의 'Part 03_금융 시크릿 : 저금리 시대의 금융자산 관리' 내용 정도만 알아도 충분하다.

어려운 금융지식을 아는 것보다 더욱 중요한 것은, 자신의 분야에서 최고로 일을 잘하는 것, 처세의 달인이 되어야 한다는 것, 열심히 자기 자신을 계발해야 한다는 것, 또한 독점적 지위를 갖는 소형 아파트와 같은 실물자산을 많이 갖추어야 한다는 것, 지금 당신 자신이 하고 있는 일에서 프로가 되어야 한다는 것 등이다.

당신이 어렵게 모은 돈을 침을 흘리면서 빼앗아가려는 하이에나 같은 사람들이 세상에는 아주 많다.

13

자격증은 당신을 부자로
만들어주지 않는다

한 신문기사에, 의사·변호사·회계사·한의사 등의 고소득 직종 자격증을 갖고 있는 사람들조차 폐업이 많아지고 있고, 수입이 예전과 비교하면 턱없이 적어졌다는 내용이 실렸다.

수요는 똑같고 공급은 예전과 다르게 굉장히 늘어났으니 한 사람이 가져갈 수 있는 파이도 적어지게 됨이 당연할 것이다. 난 자격증의 시대는 지나갔다고 생각한다.

이러한 자격증으로 밥 벌어먹고 살기는 이제 힘들다. 난 항상 내 주변 사람들이 무슨 무슨 자격증을 따겠다고 하면 그런 거 하지 말라고 한다. 그거 따봐야 오히려 당신 자신을 더 어렵게 한다고.

난 원래 토목공학과 출신이다. 대학 친구들은 다 토목기사 자격증을 따서 대부분 건설회사 직원이나 공무원이 되었다. 나만 유별나게 이런 부동산 투자자이자 부동산 강의 및 컨설팅을 하고 있다.

나도 전공인 토목직의 일을 떠날 때 처음에는 두려웠다. 하지만 막상 그것을 버리고 나니 도전할 게 너무도 많았다.

건축공학과 출신들은 건축기사 자격증을 따고, 나중에 꿈에 그리는 건축사 자격증을 딴다. 어느 정도의 돈을 모을지는 몰라도 나중에 큰 부자가 되기는 정말 힘들다.

전공? 자격증? 그것을 버리자. 그리고 정말 자신이 잘하는 쪽에 집중해보자. 내가 잘하는 일, 내가 정말 하고 싶었던 일에 집중하고, 그 일에서 정말 프로인 사람을 무조건 따라서 해보자. 돈을 정말 많이 번 사람은 창조가 아니라 모방의 귀재다. 끊임없는 모방정신으로 그 사람들은 어마어마한 부자가 된 것이다.

난 지금도 내 주변의 사람들이 금융 관련 자격증을 따려고 노력하는 것을 보면 참 안타깝다.

하나만 더 이야기하자. 내가 예전에 보험회사에서 일할 때 내 주변 선후배나 동료들이 한창 금융 관련 자격증을 따야 한다고 말이 많았다. 고객들과 상담해보면 자격증을 요구할 때가 많다나.

난 이해가 안 갔다. 나는 수천 명의 고객을 만나지만 한 번도 나에게 자격증을 보여달라는 사람이 없었다. 나는 고객과 상담하는 데 자신이 있었고, 고객들에게 감동을 줄 자신이 있었다. 고객과의 상담에 있어 최고가 되고 싶어 미친 듯이 연습하고 또 연습했다. 그리고 상담을 그렇게 했다. 그래서 보험회사에서 탑클래스의 실적을 냈다.

그런데 이렇게 자격증에 의지하는 사람들은 실제로 고객과의 상담에 자신이 없기 때문이고 고객에게 감동을 못 주기 때문이다. 이렇게 금융 자격증을 딴 사람치고 일 잘하는 사람 못 봤다.

자격증에 얽매이지 말고 나 자신을 통찰하고 진정 무엇을 해야 할지, 무엇을 잘하는지, 무엇을 하고 싶은지, 그것부터 파악하자. 그리고 거기에 미쳐보자. 또한 어떻게 해야 거대한 부자가 될 수 있는지 그것부터 연구해보자.

14

우리처럼 공부를 못한 사람은

당신이 중고등학교 때 공부를 잘하지 못했다고 사회생활에서까지 실패할 거라는 생각은 하지 말자. 솔직히 나도 10여 년 전에는 '공부를 워낙 못했으니 사회생활도 잘 못할 거야'라고 생각했었다.

하지만 공부를 못한 덕분에 지방대학을 다녔고, 지방대학에서 최고가 되기 위해 죽도록 공부해서 공기업에도 들어갔다. 그 뒤 회사를 그만두고 더 큰 부자가 되기 위해 수년간 전국 방방곡곡을 돌아다니며 부동산 공부를 했고, 부동산 투자를 하는 동안 수많은 실패를 했다. 그러고 나서 그 경험들을 바탕으로 투자를 시작해서 지금의 임대사업을 하게 되었다.

공부를 잘했다면 난 이렇게 처절하게 살지는 않았을 것이다. 공부를 못했기에 지금의 내가 있다는 말이다. 대신 난 현장에서 죽도록 미치도록 연구하고 돌아다니며 실패도 하고, 수많은 시도를 했기 때문에 지금의 내가 될 수 있었다.

그냥 공부 안 하고 빈둥거리며 살아도 성공한다? 그렇게 사는 사람들에게는 기회조차도 안 온다. 지금 당신이 하는 일에 처절할 만큼 최선을 다해라.

시간이 남으면 그 시간에 또 할 수 있는 다른 일이 뭐가 있나를 연구해 보라. 가정생활 때문에 그럴 수 없다고? 가정생활이라는 건 당신이 빈곤할 때 꺼낼 단어가 아니다. 당신이 부자가 되고 나서 꺼내도 늦지 않다.

핑계 같은 거 대지 말고 죽도록 열심히 살아보자. 미친 듯이 살아라. 지금 해야 할 일은 바로 그것이다!

난 고등학교에 다닐 때 공부를 별로 잘하지 못했다. 그렇다고 무슨 특별한 재능이 있는 것도 아니요, 사교성이 좋은 것도 아니었다. 좋아했던 농구도 실력이 프로 선수를 꿈꿀 만큼은 아닌, 뭐 그저 보잘것없는 학생이었다.

하지만 내 주위의 공부 잘하는 친구들은 보기에도 무서울 정도로 죽도록 공부했다. 감히 나는 따라갈 엄두도 못 낼 정도로 말이다.

지금 그 친구들은 의사, 기자, 법조인 일을 한다. 어느 날 KBS 9시 뉴스를 보는데 거기에서 나오는 기자가 바로 그 친구들 중 하나였다. 난 그런 친구들이 잘살아야 한다고 생각한다. 그게 공평하니까. 그 친구들은 나 같은 사람이 놀 때 죽도록 공부했으니 그만한 보상을 받아야 마땅하다.

그렇다면 우리는? 그저 평범했던 우리는? 한번 생각해보자. 의사들이 월급을 받으면 월 1,000만 원 이상은 받을 것이다. 그런데 1,000만 원의 의미는 뭔가?

그 대가를 받기 위해 의사는 아침 일찍부터 저녁 늦게까지 환자를 치료해야 한다. 그리고 의사가 되기 전에 인턴, 레지던트의 과정을 거치면서 갖은 고생을 다 한다. 병원에 있다 보면 다른 곳에 가지도 못하고 오직 환자만 받아야 한다. 당신이 의사라면 이렇게 일하고 1,000만 원을 받으면서 행복할 것 같은가? 얼마나 힘들게 돈을 버는 것인가?

기자는 또 어떤가? 말이 좋아 기자지, 기자가 얼마나 할 일이 많은가? 취재하기 위해 며칠 동안을 밖에서 생활해야 할 때도 많고, 좋은 뉴스보다는 주로 안 좋은 뉴스를 취재해야 하니 사람이 점점 부정적으로 변해가고 의심도 많아진다.

이런 직업을 폄하하려는 것이 아니다. 그렇게 힘들게 고생해야만 돈을 많이 버는 직업이라 어쩌면 그리 좋지만은 않을 수도 있다는 말을 하는 것이다.

여러분도 구체적 상황이나 직업은 달라도 이와 비슷한 처지는 아닐는지? 우리나라 직장인의 대부분이 회사에 매여 있는 한 개인의 삶을 챙기기란 그리 녹록치 않으니 말이다. 하지만 이 책을 읽는 여러분에게는 꿈이 있으리라 믿는다.

그 꿈을 이루면 지금의 직장생활이 아닌 진정 내가 꿈꾸어 왔던 직업을 가질 수도 있고, 내가 너무나 하고 싶었던 일을 하면서 살 수도 있고, 주중에도 내가 가고 싶은 곳에는 언제든 가는 여유를 느끼며 살 수 있을 것이다. 안 그런가? 하지만 우리가 이렇게 되기 위해서는 지금 하고 있는 일에 죽도록 헌신해야 한다.

그런데 솔직히 우리가 그동안 그렇게 열심히 살아왔나? 그냥 대충 살아왔고, 주변의 친구들이나 선후배들이 살아오는 방식대로 살아왔고 술 먹을 거 다 먹어가면서, 밥 먹을 거 다 먹어가면서, 쉴 거 다 쉬어가면서 살아온 사람들 아닌가?

그러면서 나 자신이 학교 다닐 때 공부를 엄청나게 잘했던 그 친구들과 똑같은 대우를 사회에서 받으려 하면 안 되지 않겠는가?

하지만 참 다행스럽게도 우리가 하고 있는 부동산이라는 투자의 영역에서는 그렇게 공부 잘하던 그 친구들은 보이지도 않고 참여할 시간도 없는 것 같다. 얼마나 다행인가? 그 머리 좋은 친구들이 우리가 하는 부동산이라는 투자의 영역에까지 참여하면 그나마 우리가 가질 수 있는 기회조차도 없을지 모른다. 그렇게 똑똑한 친구들을 내가 어떻게 이긴단 말인가? 하지만 언제나 그들은 일이 바빠서 이런 데 신경도 못 쓴다.

자, 그렇다면 우리 한번 이제 신나게 살아보자. 여러분이 지금 하고 있는 일에서 최고가 되어보자. 지금 하고 있는 일이 적성에 안 맞다고?

그럼 옛날에 정주영 회장이 처음 쌀집 점원으로 일할 때, 그 일이 그 사람의 적성에는 맞았다고 보는가?

성공한 사람들은 대부분 처음에는 자기 적성과 아주 거리가 먼 일을 했다. 그들은 남들이 하기 싫어하는 일을 하면서 목돈을 모았고, 그 목돈으로 사업의 기반을 다졌다.

당신이 지금 하고 있는 일에서도 최고가 못 되면 무슨 다른 일에 최고가 될 수 있겠는가?

지금 하고 있는 일에서 최고가 되자. 그러면 다른 일이 주어졌을 때 당신은 거기에서 최고가 될 수 있다. 그리고 거기에서 모은 돈으로 나처럼 소형 아파트와 같은 독점적 실물자산에 미친 듯이 투자하라. 그렇게 해서 큰 부자가 되자.

그렇게 큰 부자가 되고 나서 당신이 너무나 하고 싶었던 일을 하든, 아니면 일 없이 유유자적하며 살든, 그것은 당신 마음이다. 당신이 살고 싶었던 대로 살아라. 그때에는 한 번뿐인 인생, 남의 눈치까지 봐가면서 살 필요가 뭐 있겠는가?

15
세상은 부자들에게 더 많은 혜택을 준다

시간이 갈수록, 정부 정책이나 국회 법안 같은 것 대부분이 부자가 더 큰 부자가 될 수 있도록 바뀌는 것 같다.

부동산만 보더라도 양도세 중과 폐지라든가 주택임대사업자 제도라든가 여타의 많은 법률들이 대부분 부동산 부자들에게 더욱 혜택이 많아지게 변하고 있지 않은가?

부자들은 근로소득으로 돈을 버는 것이 아니라 임대소득이나 그 밖의 다른 소득으로 돈을 버는 사람들이다. 정부에서 세율을 올린다 한들 그게 모두 다 근로소득에 적용되는 사항이고, 그러다 보니 부자들에게는 별 영향도 미치지 않는다. 나는 이게 다 자본주의적 메커니즘 때문이라고 본다.

노동을 통해 돈을 버는 직업은 아무리 열심히 일해도 세금과 국민연금, 국민건강보험으로 점점 더 돈을 더 많이 빼앗기게 되는 그런 현실에서, 근로자들이 그 소득만으로 부자가 되기는 정말 어려운 시대에 우리가 살고 있는 것이다.

내 말이 이해가 되는지? 그러면 우리가 어떻게 해야겠는가? 세상은 부자가 더욱 부자가 되도록 돌아가고 있다.

16

하루하루의 고통이 즐겁다고?

부자가 되어가는 하루하루의 고통? 물론 괴로울 수 있다. 하지만 여러분이 부자가 되고야 말겠다는 의지를 갖고, 하나의 목표에 미친 듯이 2년만 고생해도 충분히 그 결과는 나타날 것이다.

나도 보험설계사로 일할 때, 모든 것을 버리고 미친 듯이 2년 동안 일에만 매달렸더니 성공적인 결과가 뚜렷이 나타나기 시작했다. 그것이 계기가 되어 내 인생이 이렇게 180도 바뀌게 된 것이다.

그렇다면 그 2년 동안 어떻게 살아가야 할까?

친구? 안 만나야 한다. 친척? 당연히 안 만나야 하고. 술? 먹으면 절대 안 된다. 몸이 피곤해서 쉬는 것? 그것도 안 된다.

한번 생각해 보자.

전날 술을 먹고 제대로 된 정신 상태로 하나의 목표를 향해 강렬한 눈빛을 계속 유지하는 건 정말 어렵다. 썩은 동태눈을 가지게 된다. 그러면서 실수를 하게 되고 목표를 향한 절실함이나 간절함도 상당히 많이 떨어지게 된다.

친구들도 만나봐야 자기 한탄이나 하고 회사 생활의 어려움을 토로할 뿐이지, 미친 듯이 열심히 살아서 꼭 부자가 되자는 강한 의지를 서로 공유하기는 어렵지 않겠는가?

몸이 피곤해서 쉰다는 것도 자기 자신을 합리화하기 위한 방편이 될 수 있다. 피곤하면 20분 정도 자고 다시 일어나 또 목표에 도전해야 한다. 몸이 피곤하니 하루 정도 쉬어야 한다는 말은 나중에 성공한 다음에야 할 수 있는 말이다.

성공하기 위해 매우 중요한 것 가운데 하나가 바로 자기 관리 아닐까? 자기 관리, 즉 절제가 되지 않으면 절대 성공을 할 수 없다. 순간순간 처절해야 하고 철저해야 한다.

취미? 인간적인 만남? 물론 필요하겠지만 내가 성공을 이루어내기 전까지는 악착같이 참자는 거다. 그것 좀 못했다고 내가 망가지는 것도 아니요, 큰일이 나는 것도 아니다. 또한 내가 성공하고 나면 사람들이 나를 만나고 싶어서 지방 곳곳에서 다 달려온다.

물론 이런 과정에 대해 주변에서 욕하는 사람도 있고 이해를 못 하는 사람도 있다. 그렇다면 그런 사람은 그렇게 살아야 한다. 친구 만나고, 취미생활도 하고, 술도 마시고, 잘 것 다 자고, 그렇게 살면 된다. 하지만 이런 사람이 성공을 이야기하고 부자가 되겠다는 말을 해서는 안 된다.

하지만 우리 같은 사람들은 목마른 사람 아닌가? 성공에 목이 마르고, 거대한 부자가 되고 싶어 목이 마르고. 성공하고 싶지 않다면 굳이 나의 이 책을 볼 필요도 없고, 그저 하고 싶은 짓 다 하고 살면 되는 것이다.

하지만 우리는 젊은 이 시간만이라도 나 자신이 봐도 멋지게 한번 도전해 보자. 나중에 여러분이 여러분 자신을 존경할 수 있도록.

17

당신은 공부를 왜 하는가(1)

나(김남수)는 대기업을 그만두고 보험영업을 시작했다. 부모님께는 비밀로 했었는데, 어머니가 어쩌다 알게 되어 앓아누우시고, 난리도 아니었다. 그리고 운 좋게도 지금은 박정수 대표와 함께 부동산과 금융 및 IT를 결합한 사업체를 만들어가고 있다.

나는 아직 크게 성공한 건 아니지만 퇴사 후 희망차고 즐거운 삶을 살고 있는 사람이다. 적어도 퇴사 자체는 성공적이었다고 자평한다.

'희망차고 즐거운' 이라는 표현이 회사 다니는 동안에는 입사 초기 무렵 잠시 빼고는 떠오르지 않았는데, 요즘은 전혀 어색하지 않다. 많은 사람들이 내게 물어본다.

"왜 젊은 나이에 대기업을 그만두고 보험영업을 하셨어요?"

거기에 대한 답변을 한번 정리해 보았다.

난 학창 시절에 공부를 잘했다. 그때 난 공부에 완전히 미쳐 있었다. 하루에 4시간 이상 자는 건 사치라 생각할 정도였고, 잠을 자면서도 잠든 내 눈 속에서는 수학 공식이 움직였고, 영어 단어가 계속 보이는 환각을 겪을 정도였다. 공부하면서 뒷목의 핏줄이 터져보기도 했다. 그 결과 운 좋게도 Y대학 사회환경공학부에 입학했다.

대학에 합격했을 때는 정말 기뻤다. 이제 남들이 부러워하는 좋은 대학에 들어갔으니 내 인생에 고속도로는 아니라도 적어도 국도 정도는 깔았다 생각하며 우쭐한 기분도 들었다.

그런데 입학 후부터 나는 그냥 하루가 멀다 하고 밤늦게까지 술 마시고 사람들을 만나 열심히 놀았다. 고등학교 때까지와는 달리 열심히 살아야겠다는 의지가 사라졌고, 목표도 없었다. 졸업 후 인생이 쉽게 풀릴 텐데 싶어, 예전처럼 열심히 살 필요도 못 느꼈던 것이다.

하지만 2년쯤 학교생활을 해보니, 그제야 세상 돌아가는 모습이 보이기 시작했다. 좋은 대학을 나와도 의외로 대기업에 입사하기가 힘들다는 사실을 알게 되었고, 대기업에 입사해도 굉장히 힘든 삶을 살고 있는 동문 선배들 모습에 놀랐다.

그냥 좋은 대학만 나오면 뭐든 잘 풀릴 거라고 고등학교 때 선생님이 하신 말씀과 현실은 많이 동떨어져 있었다.

아차! 싶었다. 내가 잘못 생각하고 있었던 거다. 마냥 내 인생이 쉽게 풀릴 거라는 생각은 바로 사라졌다. 난 정신 바짝 차리고 다시 도전을 해야 했다.

대기업에 다니면서도 팍팍하게 살아가는 선배들 모습을 보고 기술고시에 도전도 해봤다. 5급 공무원이 되면 아주 편하게 살 수 있을 거라는 생각에. 하지만 고시 공부는 5개월 만에 접었다. 이상하게 고시 공부는 하기가 싫었다. 고시 공부를 하는 사람은 따로 존재하는 것 같은 느낌이었다고나 할까.

이후 나는 부모님의 생활이 경제적으로 어려운 상황이었기에 대기업에 입사하기로 방향을 정했고, 전공 학과 쪽에서 갈 수 있는 회사 중 제일 입사하기 힘들다는 대기업 S그룹을 목표로 열심히 준비했다.

그런데 다행히 한 번에 합격을 했다! 그 소식을 듣고 나는 정말 하늘을 날 것 같았다. 너무 좋아서 교양 음악 수업을 듣던 중 밖으로 나와서 방방 뛰어다녔던 기억이 난다.

난 대학에 입학했을 때처럼 다시 또 믿음을 가졌다. 우리나라 최고인 대기업, 그것도 나와 같은 전공을 한 사람이면 누구나 선망하는 바로 그 회사에 입사했으니, 앞으로의 인생에 국도는 깔았겠구나! 하며 안도했다.

하지만 그 믿음과 안도는 그리 오래가지 못하고 깨졌다. 나는 그렇게도 기뻐하며 들어간 회사에 6년을 채 못 다니고, 퇴사 후 할 일도 정하지 않은 상태에서 사표를 내버렸다.

사람들은 나에게 미친 놈이라고 했다. 허튼짓 한다고도 했고. 사람들이 퇴사 이유를 물어도 그때는 묵묵히 아무 말도 안 했지만, 사실 내가 회사를 그만두기로 한 이유는 아주 간단했다.

첫째, 내가 다니는 회사가 향후 20년 동안 꾸준히 성장하리라는 확신이 없었다. 선배들이나 동료들에게 물어봐도 별문제 없을 거라는데 왠지 나는 자꾸 이상한 느낌이 드는 거였다. 점점 조만간 회사 상황이 어려워질 것이란 확신이 깊어졌다.

실제로 내가 퇴사하고 나서 2년 후 회사 상황이 급속도로 힘들어져서 내 동기들 중 몇몇은 권고사직을 당했다. 회사가 얼마나 힘들면 입사한 지 얼마 되지도 않은 대리급 직원들을 권고사직 시키겠는가?

둘째, 그 회사가 나의 정년을 보장해준다 한들 내가 임원 또는 사장이 되지 않는 이상, 난 **50대에 은퇴 후 남은 40~50년을 위해 새로운 일을 찾아야 할 것이 불 보듯 뻔했다.**

대기업에 다녀보지 않은 독자라면 이렇게 생각할 수도 있겠다. '대기업에서 정년 다 채우면 돈 많이 벌 텐데 별걱정을 다 한다!'고. 하지만 정말 그럴까? 가능하려면 일단 커다란 전제조건이 하나 필요하다. 당신이 정년을 마칠 때까지 회사가 아무 문제 없이 건재해야 한다는 것.

자, 그럼 이런 가정을 해보자.

대기업 5년차의 세후 월급이 얼마 정도라고 생각하는가? 대기업 기준 300만 원 중후반이면 높은 편이다. 그렇다면 그 월급으로 일 년에 3,000만 원씩 20년 동안 저축하면 서울에 아파트를 살 수 있을까?(엄청난 저축률이다.) 자녀 양육 및 교육까지 감당하면서?

그리고 아내가 자녀 양육을 맡아야 하니, 맞벌이 소득도 줄거나 없어질 수 있는데? 또한 자식으로서 부모님을 경제적으로 도와야 한다면? 당신은 대기업에 다니면서도 노후 준비를 할 수 없거나 생활 자체가 굉장히 힘들어질 것이다.

만약 부모님이 여러분을 도와줄 수 있는 경제력을 갖고 있다면 여러분은 대기업에 계속 편하게 다녀도 좋을 테지만, 그런 부모님이 얼마나 계시겠는가?

게다가 요즘 같은 시대에 누가 대기업에서 정년을 다 채우고 퇴직을 할 수 있단 말인가. 보통은 40대 중반에 퇴직당하는 일이 다반사이지 않던가.

그렇다면 퇴직 이후의 삶은 어떨 것 같은가? 시간이 지나면서 경제적으로는 더욱 힘들어질 것이다. 또 아무리 좋은 대학을 나오고, 유명 대기업에 다녔다 한들 40대에 퇴직한 나를 그어떤 회사에서 받아주겠는가?

아무리 생각해봐도 도저히 답이 나오질 않았다. 그러다 난 큰 깨달음을 얻었다. <u>우리는 이미, 사회가 요구하는 공부(수능, 토익, 학점 등)를 통해 경제적인 자유를 얻기가 불가능한 시대에 살고 있다는 것.</u>

나처럼 어쩌면 당신도 속고 있을지 모른다. 공부만 잘하면 잘살 수 있다던 어른들, 선생님들의 말은 거짓이다. 그분들도 세상에 속았고, 나도, 당신도 속았다.

당장 스스로에게 질문해 보길 바란다.

내가 다니는 회사는 내가 정년이 될 때까지 꾸준히 성장할까? 즉 내가 계속 정년까지 회사를 다닐 수 있을까?

회사가 계속 성장한다고 가정하고, **지금 내 월급과 향후 월급을 고려했을 때 나는 은퇴 후 40~50년을 살아갈 자금을 마련할 수 있을까?**

요즘 우리는 제아무리 대기업이라도 어느 날 갑자기 한 방에 훅 넘어갈 수 있는 시대에 살고 있다.

신문과 방송을 통해, 예전에는 그렇게도 잘나가던 대기업이 갑자기 힘든 상황에 직면해 워크아웃을 한다는 뉴스도 종종 나오지 않던가? 수십 년 동안 꾸준히 발전하고 건재할 만한 회사가 얼마나 될까?(김남수)

18
당신은 공부를 왜 하는가(2)

여러분이 다니고 있거나 졸업한 학교는 당신이 돈에 대해 알고 부자가 되는 것에 하등의 관심이 없다. 일단 당신을 가르치는 학교 선생님은 부자가 아니다. 어쩌면 선생님 또는 교수님이 여러분보다 더 돈과 경제에 대해 모르고 있을 가능성이 높다.

고등학교는 3학년 학생들 중에 얼마나 많은 학생들이 소위 SKY 대학에 입학했는지로 학교 순위가 매겨지고, 그 순위를 높이기 위해 선생님들은 학생들에게 오직 입시 위주의 교육만 할 뿐이다.

실제 고등학교 수업 중에 자본주의에서 어떻게 해야 부자가 되는지에 대해 한 번이라도 교육을 받아본 적이 있는가? 학교에서 배운 공부 중에 실생활에 써먹을 수 있는 것은 얼마나 있을 것 같은가?

대학교수님도 역시 부자가 아니다. 그분들은 자기 전공 과목에 대한 공부만 열심히 했을 뿐이지, 부자가 되기 위한 공부는 해본 적도 없을 것이고, 특히 돈의 특성 같은 것은 알지도 못할 것이다. 그러니 돈에 대해 가르치지도 못하고, 돈에 대해 말하는 것을 오히려 금기시하기까지 한다.

대학 졸업 후 당신이 다니는 회사도 당신이 부자가 되길 절대 원하지 않는다. 회사가 당신에게 바라는 것은 천재적인 능력이 아니다. 성실하고 꼼꼼하고 책임감 있으며, 상사의 지시를 잘 알아들을 만큼의 지적 수준 정도만 갖추길 바란다. 창의적이고 뛰어난 인재는 언제든 외부에서 스카우트해오면 되는 문제다.

공채로 입사한 당신은 회사에서 위에 언급한 정도만 해주면 된다. 이 능력을 판단하기에 가장 좋은 것이 학력과 학점, 토익점수 등이다. 여러분이 공부할 때 그것이 인생에 기가 막힌 도움을 줄 거라고 믿었나? 아마 일단 좋은 성적을 얻어야 좋은 대학, 좋은 회사에 갈 수 있기 때문에 공부했을 것이다.

평생 현실생활에 써먹지도 못하는 수학공식을 외우고, 토익점수를 올리기 위해 막대한 금액을 들여 외국 연수까지 다녀온 사람도 있을 것이다.

웃기지만 이것이 사회가 당신에게 원하는 능력이다. 그저 공식 열심히 외우고, 토익점수 올리는 능력 말이다.

회사는 당신에게 일이 주어지면 그 일을 왜 해야 하는지 잘 몰라도 위에서 시키면 일단 고분고분 열심히 하는 능력, 딱 업무를 이해할 정도의 지적 수준만을 원한다는 말이다. 회사를 다녀본 사람은 알 것이다. 얼마나 쓸데없는 일을 하고 또 해야 하는지!

명문대 출신의 학점 좋은 친구를 뽑는 것은 기업 입장에서 굉장히 유리한 선택이다. 자기 돈 들여 어학 능력도 갖추고, 갖가지 스펙까지 쌓은 일꾼들을 큰돈 들이지 않고 얻을 수 있으니까 말이다.

여러분은 좋은 회사에서 월급을 받기 위해 교육을 받아온 셈이고, 그걸 자신의 인생에 너무 자연스럽게 받아들여왔다.

만약 당신이 학생일 때 선생님이 "너 이 공부 열심히 하면 대기업 들어가서 월급 받다가 중년 되면 잘리고 또 무얼 해야 할지 고민하게 될 거야"라고 말했다면 그래도 한 번쯤은 굉장히 심사숙고해보지 않았겠는가?

지금이라도 아래와 같은 질문을 던져보자.

왜 누구도 당신에게 부자가 되는 방법을 가르치지 않는가? 또한 왜 학교에서는 당신이 호구가 되지 않는 방법을 가르치지 않는가?

맞다. 지금 세상을 움직이고 있는 기득권층들은 당신이 자신들과 같은 자리에 오르길 바라지 않는다. 남들이 부러워하는 대기업 사원으로 만족하며 밤늦게까지 불만 없이 일할 수 있는 품성과 자질을 길러놓고, 그렇게 일하는 당신에게 회사에서 일하고 있는 것에 대한 자부심을 심어주어 자신들 위치는 아예 넘보지도 못하도록 만들어놓은 거대하고 오래된 음모는 아닐까.

또한 여러분은 그들의 직원이면서 고객이기도 하다. **고객이 너무 똑똑하면 곤란하다. 월급 준 만큼 다시 뜯어내기 위해 여러분 은 돈에 대해 많이 알면 안 되는 것이다.**

19

당신의 돈이 또 돈을 만든다?

내가 예전에 보험회사에서 영업 일을 할 때 한창 일을 잘할 때가 있었다. 너무나 일이 잘되어서 모든 세상이 다 내 것인 것만 같았다. 그런데 그때 내게 암이란 병이 찾아왔다.

내가 일할 수 없는 상태가 되어, 실적을 못 내니 회사에서는 월급을 주지 않았다. 그때서야 난 깨달았다. 내가 일을 할 수 없을 때에도 돈을 만들어낼 수 있는 장치가 필요하다는 것을.

로버트 기요사키의 책을 보면 "나 자신이 바로 은행과 같은 자산을 만들어야 한다"는 말이 나온다. 내가 은행처럼 돈을 찍어내야 한다는 이야기이다.

그래 바로 그거다. 내가 돈을 찍어내는 시스템. 가만히 있어도 돈을 만들어낼 수 있는 그런 시스템. 금융과 부동산 그 모든 것이 바로 여기에 초점을 맞추어야 하지 않을까?

월급 생활자나 자영업자들을 보면 수입원이 오직 하나뿐이다. 하지만 사업가들이나 자산가, 투자가들은 수입원이 다양하다. 다수의 부동산에서 수입이 매월 또는 매년 발생하는 시스템이 있고, 그 밖에도 다른 수입원들이 있다.

즉 부자들은 돈이 나를 위해 일하게 만드는 시스템을 만들어놓는다. 내가 일하기가 싫어 쉬고 싶을 때 나의 자산은 쉬지 않고 일해서 내게 돈을 만들어주는 시스템.

하지만 월급 생활자나 자영업자는? 쉬고 싶어도 쉴 수 없다. 자기 인생이 자기 것이 아니다.

부자가 꼭 벤츠 같은 비싼 차 타고, 명품 옷만 입고, 회사에서 사장 자리에 앉아 있고, 으리으리한 집에서 살고 있는 건 아니다. 그런 화려한 겉모습은 하지 않았어도, **자기 인생을 자기 것으로 사는 사람이 진정한 부자다. 그 사람은 자산이 그를 위해 계속 돈을 만들어주는 시스템을 많이 갖고 있는 사람이다.**

쉬고 싶을 때는 내 맘대로 쉴 수 있고, 일하다가도 바다를 보고 싶으면 누구 눈치도 보지 않고 바다를 보러 갈 수 있는, 그럼에도 나의 자산 시스템이 나에게 계속 돈을 벌어주는 삶. 그래서 돈에 대한 걱정은 하나도 없이 살아가는 사람. 그런 사람이 바로 부자 아닐까?

내가 만약 일을 하지 않아도 매월 나의 자산이 1,000만 원씩 나에게 돈을 갖다 바친다면 내가 바로 부자가 되는 것이다.

여러분은 이런 사람이 될 수 없다고? 그건 당신이 아무것도 모르니 하는 소리다. 주변에서 제대로 된 부자를 못 봐서 하는 이야기이다. 재테크 고수라는 사람 중에도 이런 부자가 되는 시스템이 없는 사람이 많으니까.

시중의 수없이 많은 재테크 책들이 대부분 제대로 부자가 되는 법을 알려주기보다 더욱 더 월급쟁이로서 살아가게 만드는 내용이기 때문이다. 펀드에 가입하라고 하고, 부동산에서 월세를 받으라고 하고, 대출은 빨리 갚으라고나 하니 말이다.

내가 쓴 책들을 읽으면 여러분이 어떻게 해야 부자가 되는지 쉽게 알 수 있다. 부디 부자가 되는 시스템을 하루라도 빨리 만들자.

20

부자가 되기 위한 첫걸음은?

많은 분들이 나를 찾아와 묻는 질문은 '어떻게 해야 빨리 부자가 되느냐'는 것이다. 어떤 부동산을 사야 하느냐에서부터 어느 지역에 투자를 해야 하는지까지 별의별 질문을 다받는다. 하지만 난 이런 건 하나도 중요하지 않다고 생각한다.

부자가 되기 위해서 가장 중요한 것은 여러분이 내 말에 따라 어떤 부동산에 투자하느냐의 문제가 아니라, 바로 자기가 하는 일에 있어서 최고가 되는 것이라고 생각한다.

여러분이 직장에서 있거나 말거나 아무런 존재감도 없이 그저 숫자만 채우는 사람이라면 여러분은 여러분의 몸값을 얼마로 매길 수 있겠는가? 여러분의 상사는 여러분과 함께 얼마나 같이 일하고 싶겠는가? 다음에 회사 내에 좋은 기회가 오면 그 기회를 여러분이 가질 수 있겠는가?

회사에서도 여러분은 최고가 되어야 한다. 당신이 없으면 회사의 일이 잘 안 돌아가고, 중요한 일이 있으면 꼭 당신이 있어야 하고, 당신의 상사가 당신을 너무나 좋아하도록 만들어야 한다. 그래야 당신의 몸값이 오르는 것이다.

제테크는 당신의 그 몸값을 갖고 시작해야 한다. 회사에서 인정받지 못하면 나중에 회사의 구조 조정 같은 회오리에서 살아남지 못한다. 다른 회사를 알아보려 해도 항상 그만한 연봉에 만족해야 하고 저녁에 동료들과 함께 소주나 마시며 세상을 한탄하며 살게 될 것이다. 그런 인생을 살면서 아무리 재테크를 잘해보려 한들 큰 성공을 거둘 수 있을 거라 생각하는가?

자신의 삶을 명품으로 만들고자 최선을 다해 노력하고 열심히 살아가는 도전적인 사람이 진정 부자가 될 자질을 지닌 사람이다.

이제부터라도 내 직장에서 최고가 되어 보자. 만약 지금의 직장이 맘에 안 들거든 여러분이 진정으로 하고 싶었던 일에 모든 것을 바쳐보자. 난 그것이 재테크의 첫걸음이라고 믿는다. 그런 사람이라면 신도 어여삐 여겨 도와주지 않겠는가.

21

시간이 돈이 되는 시스템을 만들어라

출퇴근 시간 지하철 안에서 스포츠나 연예 뉴스를 보는 것이 즐거움을 줄지는 몰라도, 돈을 만들어주지는 않는다. 또 사람들과 술을 먹고 즐기는 시간도 마찬가지다.

부자가 되려면 여러분의 시간 중에 돈이 되는 시간을 많이 만들어야 한다.

내가 부동산으로 부자가 되려고 했던 이유 중 하나는 바로 내가 쉬고 있을 때도, 내가 술을 마시고 있을 때도, 내가 다른 사람을 만나고 있을 때도, 내가 일을 하고 있지 않은 시간에도 부동산이라는 공장이 나를 위해 돈을 만들어줄 수 있기 때문이었다. 즉 <u>내가 숨쉬고 있는 모든 시간이 내게 돈이 되어 돌아오는 시스템</u>이 필요했다.

여러분이 한 달 동안 직장에서 일을 하고 보수를 받았다면 그 또한 돈이 되는 시간일 것이다. 하지만 이런 것도 생각해볼 수 있다.

똑같은 일을 해도 윗사람이 시킨 일만 무성의하게 하는 사람이 있는 반면, 그 일을 창의적으로 해석하고 열정을 쏟아부어 독창적으로 해내는 사람이 있다. 두 사람 중 후자는 나중에 자기 일에 대한 시간이 더 큰 돈이 되게 할 수 있는 능력을 갖게 된다.

즉 전자인 사람보다 후자인 사람이 다른 사람에게 더 인정을 받게 될 확률이 높고, 그럼으로 인해 몸값도 훨씬 더 받게 될 가능성이 커짐과 동시에 자기가 투입한 시간 대비 더 많은 돈을 벌 수 있는 것이다.

노동을 통해 돈이 되는 시간만을 이야기하는 게 아니다. 컴퓨터를 예로 들어보자.

컴퓨터가 고장 나면 대부분 수리점에 맡기거나 AS를 요청한다. 그리고 거기엔 분명히 비용이 들어간다. 하지만 여러분 스스로 컴퓨터 하드웨어에 대한 지식을 갖고 있다면 이런 비용을 평생 내지 않아도 되는 게 아닌가? 1년, 2년이 아니라 평생 말이다.

우리 회사에서도 직원들이 컴퓨터를 많이 쓰고 있지만 그 직원들 가운데 컴퓨터에 대한 하드웨어나 소프트웨어에 대한 지식을 갖고 있는 사람은 불과 한두 명이다. 이런 사람들은 컴퓨터에 무슨 문제가 생겼을 때 바로 해결하고 일에 몰두할 수 있지만 다른 사람은 시간이나 경제적 비용을 허비할 수밖에 없는 것이다.

또한 협상에 대해 여러 모로 공부를 해두면 실제로 월급 이상의 큰 이익을 얻는 경우가 많다.

나도 부동산에 대한 협상, 그리고 일반적으로 살아가면서 경험하게 되는 협상, 백화점에서 물건 가격을 깎는 협상 등 여러 협상에 대해 공부했다. 그로 인해 내가 얻은 이득은 여러분이 상상도 못할 만큼 큰 금액이다. 이런 협상이라는 것도 평생 써먹을 수 있는 돈이 되는 시간을 만들 수 있는 거 아니겠는가?

여러분에게 주어진 수많은 것들, 그것에 투여하는 시간이 모두 돈이 되게 만들어야 한다.

난 내게 성공하려면 어떻게 해야 하느냐고 물어오는 많은 사람들에게 지금 하는 일에서 최고가 되어 다른 사람들보다 몸값을 훨씬 더 높여야 한다고 말한다. 그리고 젊을 때부터 처세와 협상에 대한 공부를 하고, 그렇게 함과 동시에 부동산 투자를 병행하라는 점을 강조하고 또 강조한다.

연구해봐라. 지금 여러분 자신의 시간을 어떻게 하면 무의미한 시간이 아닌 돈이 되는 시간으로 변화시킬 수 있는지.

22

부자들의 초라했던 때를 배워라

　여러분 중에 모든 부자들이 처음부터 금수저였다고 생각하는 사람은 없을 것이다. 여러분 주변에서 볼 수 있는 외제차 타고 다니며 많은 수입을 올리며 살고 있는 부자들, 그것도 부모가 물려준 유산 없이 순수하게 자기 혼자의 힘으로 부자가 된 사람들은 대부분 너무나도 힘들고 어려운 때가 있었다. 나도 눈물 나도록 서럽고 힘들고 어려웠던 때가 있기에 부자들이 겪어야 했던 그 고통을 누구보다 잘 안다.

　여러분이 부자가 되고 싶고, 성공하고 싶다면 여러분이 본받고 싶어 하는 부자들이 어려울 때 그 상황을 어떻게 이겨내고 어떻게 성공했는지 열심히 배워야 한다. 바로 그런 자세가 성공을 향한 첫걸음이 아니겠는가?

　단순히 부자들의 지금 살고 있는 겉모습만 보고 그와 똑같이 살겠다고 생각해서야 되겠는가?

그 사람이 벤츠 탄다고 나도 똑같이 벤츠 타고, 그 사람이 호텔에서 식사를 한다고 나도 똑같이 그런 곳에서 식사를 하다 보면 여러분 가정은 가랑이가 찢어진다.

요즘 젊은이들은 정말 소비가 장난이 아니다. 집은 없어도 외제 차는 타고, 돈은 안 모아도 고급 음식점에서 밥을 먹고, 여행은 해외 여행이 기본이고, 옷도 비싼 것만 걸치는 젊은이들을 볼 때 나는 말문이 턱 막힌다.

부자들의 현재 모습과 결과만 보고 따라 하지 마라. 그 사람들이 이겨낸 힘들고 초라했던 때를 배워야 한다. 그 시련을 이겨낸 처절한 방법과 모습을 따라 하려고 노력해야 한다. 그리고 그 노력에 완전히 익숙해져야 한다. 자기도 모르는 사이에 그렇게 노력하는 모습이 계속 발산되어야 한다.

그런 노력도 없이 부자들의 현재 모습만 보고 따라 하려는 허황된 생각은 당신을 완전히 알거지로 만들지도 모른다.

23

일만 죽도록 열심히 하면 성공하나?

　난 주변 사람들에게 자신의 일을 미치도록 해야 한다고 말해왔다. 자기의 업무에서 최고의 경지에 올라야 한다고.

　그래, 맞다! 그 최고의 자리에 올라봐야 성공의 맛을 알게 되는 거니까.

　그런데 어떤 사람들은 내 말을 듣고 무조건 일만 열심히 하면 된다고 생각하나 보다. 아니다. <u>무조건 일만 열심히 해야 한다는 것이 아니다.</u>

　예를 하나 들어보자.

　회사에서 상사가 자기한테 일을 한 가지 지시했다고 치자. 상사가 시킨 일이니 시킨 만큼 그대로, 그것도 아주 열심히 해서 결과를 제출하면 될까? 아니다. 절대 아니다. 그 상사는 결과물을 받았을 때 기분이 좋을지는 몰라도 결코 감동하지는 않는다.

당신이 무슨 일을 한다면 그것을 통해 당신 주변을 감동하게 만들어야 한다. 당신에게 요청한 것보다 더 많은 정보와 더 완벽한 그 무언가를 만들어서 제출해야 한다. 그래야 감동을 줄 수 있다.

이렇게 남들과 차별화되는 일이 반복된다면 나중에 회사에서 큰일이 있을 때에도 상사는 당신을 찾을 것이고, 그러면서 여러분은 회사에서 인정받고, 승진도 하면서 최고의 위치까지 오르게 되는 것이다.

최고 자리에 있는 사람과 그 이하의 자리 있는 사람의 실력 차이는 얼마나 클 것 같은가? 실력의 차이는 별로 없다. 오히려 그 사람이 그동안 어떻게 일을 처리해 왔느냐 하는 습관의 차이, 처세의 차이가 더 큰 것이다.

또한 똑같은 시간 안에 더 효율적으로 더 많은 일을 할 수 있는 방법을 연구해야 한다. 그래야 남들이 보면 다른 사람에 비해 월등한 결과를 낼 수 있는 사람으로 인정하게 되는 것이다.

내가 존경하고 무조건 따라 하려고 노력하는 사람은 고 정주영 현대그룹 회장이다. 그분도 처음부터 대그룹 총수는 아니었다. 그분이 처음으로 한 일은 쌀집 배달부였다. 그런데 쌀집 배달부를 하면서 자기가 해야 할 일을 꼭 자기가 주인인 것처럼 했다고 하지 않던가?

다른 배달부들은 배달만 하고 나면 쉬었지만 정주영 회장은 쌀집 마당을 계속 쓸고, 물량을 쉽게 파악할 수 있도록 창고를 체계적으로 정리하고, 자전거로 더 많은 쌀을 배달하기 위해 연구하고 또 연구해서 쌀 배달에 있어서는 남들이 절대 따라올 수 없는 경지에 이르렀다고 하더라.

이분이 쌀집 배달부 일이 너무나도 재미있어서 이랬을까? 절대 그렇지 않았을 것이다. 정주영 회장의 이런 습관, 이런 모습이 쌀집 주인에게 인정을 받아서 쌀집 주인이 자식이 있음에도 불구하고 나중에 자식에게 그 쌀집을 물려준 게 아니라 바로 정주영이라는 사람에게 물려주었다고 한다.

이 사람이 그저 자기한테 주어진 일, 남이 시킨 일만 열심히 했다면 성공을 했을까?

혁신적이어야 하고, 차별화해야 하고, 그것을 바탕으로 미친 듯이 일해야 한다. 그리고 남들이 하기 싫어하는 일에 최선을 다해야 하고, 남들이 따라올 수 없을 만큼 자기가 하고 있는 일에서 최고가 되어야 한다.

그게 성공의 출발점 아니겠는가?

24

최고의 절약은 아끼는 것이 아니라
더 많이 버는 것이다

어떤 사람이 100만 원을 번다고 치자. 이 사람은 그 돈
을 아끼기 위해 아침에 만원 버스를 타고 출근하고, 좋은 음식
은 비싸서 먹지도 않고, 혹시나 급한 일이 있어 차를 갖고 오
면 주차장도 무료만 찾아다닌다.

자기 몸 관리하는 것도 돈이 아까워 헬스장 같은 곳에는 다
니지도 않고, 책값도 아까워서 책은 아예 사지도 않고 그저 도
서관에서 한참 동안 줄을 서서 빌려 본다. 그 사람은 이렇게
돈을 아끼고 아껴서 열심히 저축을 한다.

그리고 또 다른 100만 원을 버는 사람이 있다. 이 사람은 만
원 버스 출근으로 하루를 시작하면 일과가 헝클어진다고 생
각해서 아침 일찍부터 차를 갖고 다닌다. 또 무료 주차장을
알아보러 돌아다니는 게 아니라, 일분일초 시간이 아까워 자

기 회사 바로 옆에 주차한다. 또한 자기 계발을 위해 수많은 책을 사서 읽고 또 읽는다. 건강을 위해 수영장에도 다니고, 헬스장에도 다닌다. 그리고 꾸준히 재테크 공부도 하면서 수입을 늘리려고 부단히 노력한다. 어떤가? 두 사람 중에 누가 더 크게 성공할 것 같은가?

예를 하나 더 들어보자.

나에게 매달 밥을 사는 후배가 하나 있다. 이 후배는 항상 자기 와이프를 데리고 와서 우리 부부에게 밥을 산다. 그것도 상당히 고급 음식으로만. 그러면서 나에게 부동산에 대해 열심히 배우려고 노력한다. 어떻게 해야 빨리 성공할 수 있는지 무던히도 계속 물어보고, 열심히 나를 따라 하려고 노력한다.

나도 사람이다. 이런 사람을 그냥 놔둘 것 같은가? 아마 남들이 보면 부러워할 만큼 이 후배에게 도움을 줄 수밖에 없다.

만약 이 친구가 밥값이 아까워서 다른 사람들처럼 전화로만 인사를 하고 말았다면 그렇게 좋은 부동산 정보나 성공에 대한 도움을 내가 줄 것 같은가? 여기에 바로 돈을 어떻게 쓰느냐의 문제가 달려 있다.

나도 예전에 돈을 무척이나 아껴 쓰던 적이 있다. 몸 생각은 하지도 않고 싼 음식만 먹었고, 내 품격은 생각하지도 않고 오직 싼 옷들로만 나를 입힌 적도 있었고, 소고기 한 번 먹고 싶어도 아주 싼 돼지 앞다리살만 먹었다.

참 바보 같은 짓 아니겠는가? 하지만 다행스러웠던 것은, 그렇게 미친 듯이 아껴 쓸 때에도 책 사는 데에는 엄청난 금액을 들였고, 나보다 잘난 사람들을 만나는 데에도 참 많은 비용을 아까워하지 않았고, 전문가에게 부동산과 금융 강의를 들을 때에도 미친 듯이 수업료를 많이 냈다.

만약 이런 돈마저 내가 아꼈다면? 지금도 예전처럼 지질하게 살고 있으리라.

'돈은 쓰라고 있는 것이지 쓰지 말라고 있는 게 아니다'라는 말에 백분 공감한다. 제발 쓰자. 쓰고 또 쓰자. 무슨 나이트나 룸살롱에 가자는 게 아니다. 당신 자신의 발전을 위해 미친 듯이 써라.

100만 원 벌어서 그걸 어떻게 알콩달콩 아껴 쓸지 고민하지 말고, 그 100만 원을 가지고 어떻게 두 배, 세 배 더 벌 수 있도록 만들까를 고민하라.

25

절대 호구가 되지 마라

당신이 부동산을 모르면? 건설회사와 분양업체, 자칭 부동산 전문가라는 탈을 쓴 사기꾼 그리고 공인중개사의 호구가 된다.

당신이 금융과 돈의 흐름을 모르면? 수많은 금융회사와 보험설계사, 재무설계사의 호구가 된다.

당신이 세금을 잘 모르면? 당연히 정부의 호구가 되고 만다.

모르고 사는 게 자랑인 것 같은가? 절대 자랑도 아닐뿐더러 당신의 돈을 자연스럽게 빼앗기게 된다. 왜냐고? 당신이 지금 자본주의 사회에 살고 있기 때문이다.

<u>돈의 흐름과 부동산의 흐름에 대한 정보를 많이 알아야 한다.</u> 그래야 당하지 않는다. 알면 힘이요, 모르면 당할 수밖에 없는 곳이 바로 자본주의 사회이다.

평범하게, 그저 세상 흘러가는 대로 살면 당신은 절대 돈을 모으지 못하고, 부자가 되지 못한다. 그저 자본주의 사회 속의 패배자로서 살아갈 수밖에 없다는 것을 알아야 한다.

돈 버는 사람은 분명히 따로 있다는 말이 딱 맞다. 나도 수많은 사람들과 이야기를 해보지만 돈과 부동산 그리고 금융에 대해 기본적인 것조차 모르는 사람이 너무나도 많다는 점에 세삼 놀란다. "아니 어떻게 이것도 모른단 말인가!" 탄식이 터져 나올 정도로 말이다.

분명히 좋은 대학 나오고, 좋은 직장에 다니는데도 그런 사람이 부지기수라는 게 더 문제 아닐까 싶다.

그러니 건설회사, 공인중개사, 금융회사, 보험설계사, 재무설계사 그리고 정부가 얼마나 좋아하겠는가? 세상에 이런 호구들이 넘쳐나니 말이다.

절대 여러분은 이런 호구가 되어서는 안 된다. 돈에 대한 지식을 갖추어야 한다. 부동산에 대한 기본적인 지식은 알아야 하고, 정부가 왜 계속 물가를 올리려 하는지 이해해야 한다.

그러기 위해 책을 많이 읽어야 하고 신문을 하루에 3개 이상 보아야 하는 건 기본이다. 또한 EBS 다큐프라임 〈자본주의〉를 보는 게 필수이다. 〈자본주의〉를 만들어준 EBS에 얼마나 감사한지 모르겠다.

26

열심히 아껴 쓰고, 열심히 저축하면 곧 파산한다

여러분은 한 달 동안 열심히 일하고, 그 대가로 월급을 받는다. 그 월급으로 알뜰하게 살림을 꾸려나가느라 생활비도 아껴 쓰고, 옷도 잘 안 사 입고, 외식은 꿈도 안 꾸고, 계속 저축을 한다고 해보자. 그러면 행복한가?

어쩌면 그 삶이 그리 행복하지만은 않을 것 같다. 그렇게 절약해서 겨우 목돈을 모을 만하면 2년마다 집주인이 전셋값을 올려달라 하고……. 그럼 보통은 한 번에 몇천만 원씩 내줘야 하지 않나?

또 열심히 은행에다 저축해봤자 이자라고는 정말 쥐꼬리만큼이고, 그래서 이자 몇만 원 더 받으려고 상호저축은행에 저축했더니 상호저축은행도 망하기 일쑤다. 우여곡절 끝에 간신히 은행에서 대출받아 집을 한 채 마련하면 매월 대출이자 갚기도 빠듯하다.

당신이 만약 지금 이런 모습으로 살고 있다면, 당신이 열심히 돈을 벌고 있는 건 누구를 위한 건가? 계속 이렇게 살아간다면 당신의 미래는 어떨 것 같은가?

내 인생이 어쩌면 집주인에게 목돈 갖다 바치기 바쁜 삶이 되고, 은행의 배를 불려주는 삶이 되고, 건설회사한테 이익을 챙겨주기 위해 사는 삶이 되고 마는 것은 아닐까? 어쩌면 우리는 우리를 위한 삶이 아니라 계속 남을 위한 삶을 살게 될지도 모른다.

그래서 여러분에게는 돈에 대한 재무지식이 필요하고, 부동산 투자가 중요하다. 투자를 해야 한다. 여러분이 거주하는 아파트에 투자를 하는 게 아니라 여러분이 남에게 빌려주는 아파트 투자를 해야 한다. 여러분이 삶의 주인이 될 수 있는 그런 투자를 해야 한다. 그러지 않으면 여러분은 자본주의에서 몰락하는 삶을 살게 되는 것이다.

국민연금? 건강보험? 이런 정부에서 해주는 것도 믿어서는 안 된다. 정부도 나중에 돈이 부족하면 지금까지 해온 약속을 하루아침에 뒤집을 수 있다. 지금까지 그래 왔던 것처럼. 내가 나 자신의 주인이 되는 삶을 살아보자.

27

능력 있는 당신이여, 퇴사하라!

지금 여러분은 퇴사 유혹에 시달리고 있는가? 사표를 가슴에 품고 사는가? 아니면 언제 잘릴까 두렵지만 도무지 다른 대안이 떠오르지 않아서 세월만 보내고 있는가?

지금 여러분이 바로 회사에 사표를 낼지, 꾸준히 회사를 다닐지 당장 둘 중 하나를 선택해야 하는 것은 아니다. 다만 중요한 것은 그 결정을 너무 늦기 전에 하라는 것이다.

빨리 그만두고 당신 갈길을 새로 찾아가든지, 지금의 회사에서 승부를 보기로 결심하든지 빨리 결정하는 것이 좋다. 고민만 하다가 40대 중반쯤 되면 이미 승부 볼 시기를 놓쳐버린 후일 테니까.

<u>당신이 지금 다니고 있는 회사에서 일과 대인관계 모두 최고라고 인정받고 있다면 당신은 퇴사해도 많은 기회를 얻을 수 있다. 더 높</u>

은 소득을 얻을 수 있는 일도 충분히 찾을 수 있다. 회사라는 좁은 울타리 안에서 닭처럼 살 게 아니라 넓은 광야에서 호랑이처럼 도전하면서 살아야 한다.

하지만 회사에서 인정받고 있지 못하다면 함부로 퇴사를 결정하지는 말기 바란다. 이런 경우 여러분이 아주 뛰어난 사업 아이템을 갖고 있지 않다면, 차라리 회사 내에서 다른 일을 찾아보길 권한다. 이런 사람들에게 회사 밖은 지옥이라고들 한다.

나도 퇴사를 하고 나서 많은 일들을 겪고 있는데 어찌 보면 회사 바깥이 전쟁터라는 말이 맞는 말인 것 같다. 선진국보다 우리나라는 자영업자 비율이 월등히 높아서 사회에 나오면 퇴사자들끼리의 피 터지는 전쟁터가 기다리고 있다고 보면 된다.

당신 스스로가 '나는 뛰어난데 내 주위에 모자란 사람만 있어서 내가 제대로 평가받지 못한다'고 생각하고 있다면 그것은 큰 오해일 가능성이 높다. 퇴사 후에도 당신은 누군가와 함께 일해야 하고 누군가에게 끊임없이 평가받게 된다. 지금 다니고 있는 회사에도 적응하지 못한다면 회사 밖에서 적응하는 것이 결코 더 쉽지는 않을 것이다.

진심으로 말한다. 당신이 정말 현재 최고라고 인정받는다면 퇴사해라. 그리고 미친 듯이 당신이 하고 싶은 것에 도전하자. 회사는 능력 있는 당신의 성공을 바라지 않는 곳이며 또한 당신이 활동하기에 회사는 너무나도 좁지 않은가?

인터넷에서 가끔 이런 주장을 접할 때가 있다.

93

"삼성이 망해야 우리나라가 산다."

"대기업이 망해야 우리나라가 산다".

몇 년 전만 해도 뭔 개소리냐고 욕을 했다. 하지만 지금은 생각이 다르다. 반은 맞고 반은 틀렸다고 생각한다.

노키아가 세계 최대 핸드폰 회사일 때, 핀란드에서 노키아의 비중은 우리나라의 삼성, 현대 이상이었다. 노키아가 스마트폰으로의 시장 변화에 발 빠르게 대응하지 못하고 무너졌을 때 핀란드 경제에도 큰 타격을 준 것은 맞지만 핀란드 경제는 생각보다 빠르게 회복했다.

그 이유는 노키아에서 나온 젊고 뛰어난 청년들이 경쟁력 있는 좋은 회사들을 많이 창업했고, 뛰어난 실적을 내기 시작했기 때문이다. 핀란드 정부도 하나의 거대 기업에 의존하는 데서 벗어나 청년 IT 창업을 지원하기 시작했다. 거대한 기업의 몰락이 핀란드의 청년 창업을 키워낸 것이다.

우리나라도 대졸자 기준으로 초·중·고·대학교 약 16년을 학업에 투자하고 나서 대기업에 들어간다. 그 결과 굉장히 뛰어난 청년들이 월급 300만 원에 젊음을 바친다. 더군다나 그들이 회사에서 야근도 불사하며 하는 일은 그다지 어려운 일들이 아니다.

내가 회사에 다닐 때 하던 일도 굳이 대학을 졸업해야만 할 수 있는 일은 절대 아니었다. 대학에서 어렵게 배운 전공 내용은 거의 필요하지도 않았다.

창의력과 열정이 있는 청년들이 대기업 입사보다 창업에 뛰어들 수 있는 좋은 환경이 조성된다면 우리나라에도 핀란드의 슈퍼셀과 같은 회사가 나오지 말란 법이 없다.

 물론 처음부터 창업하는 것보다는 일단 기업에 들어가서 조직문화를 배우고 나름대로의 기반 지식을 배우는 게 먼저라고 생각한다. 그다음에 당신의 능력을 당신 회사의 이름을 걸고 창업해서 도전하는 게 어떨까? 당신이 진정 하고 싶었던 것을 맘껏 펼쳐보면 어떨까?

 실제로 나도 지금 박정수 대표와 함께 부동산에 관련된 새로운 영역의 일을 시작했다. 이렇게 창업을 하고서 진정 내가 하고 싶었던 영역의 일에 도전하다 보니 너무나도 재미있고 하루하루 박진감이 넘친다. 예전에 대기업에 다닐 때는 절대 느낄 수 없던 전율도 느낀다.

 그저 조직 안에서 따라만 해야 하고 왜 그걸 해야 하는지도 모르는 채 그저 일해야만 했던 것과 달리, 지금 내가 창업을 해서 새로운 것에 도전하고, 그것이 하나하나 이루어져갈 때 느끼는 희열은 말로 표현하기 힘들 정도다.

 능력이 있다면 창업을 하자. 그리고 멋지게, 여러분이 너무나도 하고 싶었던 일에 미친 듯이 도전해보자. 당신의 소중한 인생을 그저 정해진 규칙 안에서 움직이도록 가둬두는 회사에서 평생 일해야 한다는 게 억울하지 않은가?

Part 02 부동산 시크릿

뉴스테이 시대의
부동산 재테크

28

내 집 마련은 언제 하는 것이 좋을까?

내가 십여 년 동안 아파트 투자를 해오면서 지금까지 항상 듣는 말이 있다.

"지금이 막차다!"

처음 입문하던 시절, 내가 아파트를 사려고 할 때 주변 사람들에게 들은 말도 "아파트 투자는 지금이 막차다. 지금 투자하면 가격이 크게 떨어져서 후회할 일만 남는다"는 거였다.

또 몇 년 전 수도권의 오피스텔을 구입하려고 할 때도 부동산에서 그렇게 말렸다.

"꼭 지금 이 오피스텔을 사야겠냐. 내가 이 지역에서 오랫동안 중개사 일을 해왔는데, 예전보다 너무 많이 올랐다. 지금이 막차다. 사지 마라."

모두 다 막차라고 주장하며 반대했음에도 불구하고 내가 산 부동산들은 계속 값이 올랐다. 전세가도 올랐고 매매가도 많이 올랐다.

분명히 말해두겠다. **당신이 사고자 하는 아파트가 있다면 매매가와 전세가를 먼저 봐라. 그리고 전세가가 매매가의 85퍼센트 정도에 육박한다면 그 아파트는 하루라도 빨리 사는 것이 좋다.**

지금도 아파트 투자가 막차라고 말하는 많은 부동산 전문가와 학자들은 수많은 자료와 데이터를 갖고 자기주장을 고집하며 증명하려 들겠지만 그들은 나처럼 엄청나게 많은 부동산 계약을 해본 사람들이 아니다. 부동산 계약을 해봤다 한들 많아야 10건 이내 아니겠는가?

하지만 난 아파트 계약만 내 회원분들 것을 포함해서 1,000건 이상을 해본 사람이다. 이 정도면 정말 많은 경험을 해보았다 말해도 되지 않겠는가?

나는 그동안 생생한 현장을 통해 얻은 경험치로 여러분에게 진심으로 말하고 있는 것이다. 아파트를 사고 싶다고? 그런데 그 아파트를 언제 사야 할지 모르겠다고? 그러면 우선 내 말대로 해보시라.

전세가가 매매가의 85퍼센트에 육박한다면 대출을 받아서라도 하루빨리 사라. 그런 아파트는 당신에게 보물이다. 당신이 거주할 집이건 다른 사람들에게 임대해줄 집이건. 단, 전세가율은 전세가가 갑자기 폭등해서 만들어진 것이 아니라 보통의 시장 원리에 따라 만들어진 것이어야 한다.

그리고 만약 여러분이 원하는 아파트가 거주할 목적이고 그 아파트의 전세가율이 80퍼센트를 넘는다면 그 아파트도 사는 것이 좋다. 그런 아파트는 매매가가 오를 확률이 높다.

대신 전세가율이 80퍼센트 미만이라면 굳이 꼭 그 아파트를 빨리 살 필요는 없다고 본다. 좀 더 지켜본 다음 사도 늦지 않을 것 같다. 아니면 좀 더 좋은 지역을 알아보는 것도 나쁘지 않다.

이런 좋은 조건을 갖고 있는 아파트라 하더라도 사지 말아야 할 아파트에 대해서는 내가 전에 쓴 책들에 그 내용이 나오니 참고하시기 바란다.

29
물가 상승을 월등히 이기는
투자가 있다고?

　물가는 계속 오른다. 정부에서 계속 물가가 오르는 정책을 펼 수밖에 없기 때문이다. 물가가 올라야 경제가 돌아갈 테니까.

　지금 같은 저성장 시대에 부동산 가격이 크게 오를 수도 없고, 주식으로 큰돈을 벌기도 힘들어졌고, 다른 재테크 수단으로 큰 이익을 내기도 거의 불가능해졌다. 그렇다면 이제부터 우리는 아무런 재테크도 하지 말아야 하는 것인가?

　아무리 수익이 난다 해도 물가 상승을 이기지 못하면 결과적으로 마이너스이다. 예를 들어, 우리가 흔히 접하는 금융상품 중에 저축형 복리 상품이라는 것이 있다. 실제로는 수익이 물가 상승에 한참을 미치지 못함에도 불구하고 마치 나중에 큰 금액을 받을 것처럼 과대광고를 하니, 이건 대표적인 사기성 상품 아닌가 싶다.

뭐 그렇다 치고, 요즘 내가 읽은 책 가운데 《부동산의 보이지 않는 진실》이라는 책에 이런 말이 나온다.

1990년에 압구정 현대 아파트 35평이 3억 3,000만 원이었는데 2015년에는 16억 원 정도 한다. 25년 동안 485퍼센트가 오른 것이다. 하지만 이 기간 동안 서울 시내버스 요금은 170원이었던 것이 2015년에 1,200원이므로 무려 705.9퍼센트가 상승한 것이라고. 또한 광역버스는 170원 하던 것이 2015년 2,300원이므로 무려 1,353퍼센트나 올랐다고.

이 이야기를 듣고 여러분은 어떤가? 물가 오르는 게 무섭지 않은가? 그렇다. 정말 물가 상승이란 것이 그냥 고개만 갸우뚱하고 넘어가기엔 너무나 장난 아니다.

그런데 만약 이렇게 가파른 물가 상승의 10배, 100배, 그 이상의 혜택을 볼 수 있는 방법이 있다면 여러분은 어떻게 하겠는가? 정말 그런 방법이 있다고 하면 여러분은 이미 이 책을 읽은 보람을 찾은 게 아닐까?

내가 이전 책에서 소형 아파트를 전세 끼고 구입해야 한다고 언급한 적이 있다. 그 예를 한 번 들어보자.

2009년경, 지방의 한 아파트를 전세 끼고 산 적이 있다. 그때 매매가는 6,000만 원. 전세가가 5,000만 원이었으니 내가 들인 현금은 1,000만 원 정도였다.

설마 이 아파트가 1억 원을 넘을 줄은 당시에는 아무도 상상하지 못했다. 그 지역 공인중개사들조차 깜짝 놀랐으니까. 아파트가 1억 3,000만 원이 되자 내가 처음 산 가격에 비해 두 배가 올랐다고 다들 부러워했다.

그 정도 갖고 뭘 그리 부러워하느냐고? 사실 난 그때 아파트를 한두 채 산 게 아니라 수십 채를 샀으니까……. 여러분도 그들의 부러움이 당연하게 느껴질 만할 것이다.

하지만 놀라지 마시라. 나는 그들이 말하는 두 배를 번 것이 아니라 더 크게 벌었다. 무슨 특별한 꼼수라도 부렸냐고?

한번 생각해보자. 이 아파트는 6,000만 원에서 1억 3,000만 원이 되었으니 가격이 216.6퍼센트가 올랐다. 사람들은 대부분 이것만 생각하더라.

자, 내가 투자한 금액은 아파트 매매가 6,000만 원에서 전세가 5,000만 원을 뺀 나머지 1,000만 원이었다. 그런데 1,000만 원을 투자해서 7,000만 원이 올랐으니 실제 수익은 원금의 7배, 700퍼센트가 되는 것이다.

어떤가? 앞에서 언급한 압구정 현대 아파트도 그저 매매가로만 계산하면 485퍼센트 상승이라는 것이 맞겠지만 그 아파트를 구입할 때 전세를 끼고 사놓은 거라면 가격 상승이 아마 1,000퍼센트가 넘지 않았을까? 이래서 전세 끼고 아파트를 산다는 것이 무서운 것이다.

이 글을 읽는 분 중에 아파트 가격이 떨어지면 어떻게 하느냐고 묻는 분이 계실지도 모르겠다. 내가 전에 쓴 책에서도 언급했듯이 매매가 대비 전세가가 높은 아파트는 매매가가 떨어지지 않을뿐더러 전세가가 계속 오름으로써 매매가를 밀어 올리는 효과를 발휘하기 때문에 걱정하지 않아도 된다.

매매가 대비 전세가가 85퍼센트를 넘는 그런 중소형 아파트에만 투자하면 된다. 이런 아파트를 전세를 끼고 많은 챗수를 구입하면 여러분은 나중에 엄청난 수익을 얻을 수 있는 것이다. 이만한 수익을 주는 재테크가 또 어디 있을까 싶다.

여러분도 제발 걱정하지 말고 투자하기를 바란다. 사고 나서 바로 파는 단기 투자가 아니라 한번 사면 끝까지 팔지 않는 장기 투자의 관점을 가져라. 그럼 그 아파트들이 살아서 여러분을 부자로 만들어주는 역할을 할 것이다.

30

월세는 계속 꼬박꼬박 받을 수 있을까?

부동산 투자는 무조건 월세가 최고다? 대부분의 재테크 책에서는 그렇다고들 말한다. 유명한 재테크 강사들도 월세를 받는 게 궁극적인 목표라고 톤 높여 강의한다. 평생 월세 받는 즐거움 속에서 살 수 있으니 어떻게 해서든 보유한 부동산을 월세로 전환해야 한다고······.

그런데 난 아무래도 이 말이 맞지 않다는 생각이 든다. 내가 인기가 많은 아파트를 전세 끼고 구입하고 그것이 저절로 단시간에 수십 채의 아파트로 늘어나 큰 부자가 되었음은 이미 전에 쓴 책들에서 언급한 사실들이다.

절대 월세를 받아 큰 부자가 될 수 없다고도 말씀드렸다. 사람이 쪼잔하게 월세 몇십만 원, 몇백만 원을 받으면서 좋아하고 그러느니 전세로 수천만 원, 수억 원을 받으면서 만족해야 하지 않겠느냐고도 했다.

　여기서 내가 말하고자 하는 핵심은 바로 월세의 문제점이다. 요즘처럼 경기가 안 좋을 때 월세 세입자들이 모두 다 월세를 꼬박꼬박 잘 낼 수 있을까?

　예를 하나 들어보자. 내가 살고 있는 문래동 아파트 주변에는 상가들이 아주 많다. 그 상가들에는 또 수많은 업체가 입주해 있는데, 들어온 지 얼마 안 되는 업체들이 쉽게 폐업하고 다시 새로운 가게가 들어오고를 반복하는 것이다. 이런 현상은 예전보다 지금, 경기가 안 좋을수록 더욱 자주 일어났다.

　왜 이렇게 빨리빨리 가게가 바뀌는 건지 우연히 상가 주인에게 물어본 적이 있다. 그랬더니 상가 주인의 대답은 임대료 즉 월세는 오르는데 그 월세를 감당하지 못해서 입주했던 업체가 자꾸 나가더라는 것이다. 입주업체가 몇 개월간 월세를 밀리면 상가 주인이 나가라고 통보를 할 수밖에 없는 일이 요즘에 점점 더 심해지고 있다는 말이다.

　그런데 이것이 어디 이 상가에서만 일어나는 현상이겠는가? 월세 내는 아파트 세입자들도 요즘 들어 월세를 밀리거나 못 내는 경우가 아주 많을 것이다. 내가 아는 분도 자기 집에 사는 세입자가 거의 1년간 월세를 내지 않아서 골치가 아프다고 한다. 아무리 나가라고 해도 나가지도 않고 계속 봐달라고만 한다고. 이런 현상이 어디 이 집뿐이랴? 아주 많을 것이다.

　월세라는 게 경기가 좋을 때나 아주 부자들이 사는 고액의 아파트 월세라면 몰라도, 경기가 좋지 않을 때 보통의 아파트나 보통의 주택 같은 경우는 집주인이 받는 스트레스가 보통이 아니다.

하지만 **전세를 내준 집주인들은 어떨 것 같은가? 이렇게 월세가 안 들어와서 스트레스를 받는 일이 전혀 없다.** 처음 전세 계약을 할 때 전세금을 받으면 그게 끝이다. 안 그런가?

스트레스 하나 없이 임대를 해주는 게 훨씬 나을 것 같은데 오늘도 여전히 다른 사람들은 월세를 받으라고 난리다.

월세를 받지 못하고 있는 집주인들은 이렇게 월세를 받지 못하는 현실에 대해 주변에 말도 못한다. 괜히 말했다가 자기 집의 월세 가격이 떨어질까 봐서이다. 그냥 월세 내주지 말고, 전세 내주고 편하게 살자.

31

정부는 당신이 달랑 집 한 채만
갖고 살기를 바란다

정부는 당신이 집을 한 채만 갖고 살기를 바란다. 여러 채를 보유해서 다른 사람들에게 임대해주는 것을 좋아하지 않는다.

당신은 처음에는 전세나 월세를 살다가 작은 소형 아파트를 구입하기 위해 열심히 노력할 것이다. 그렇게 힘들게 소형 아파트를 구입하고 나서 아기를 낳아 키우다 보면 좀 더 큰 아파트 구입을 원하게 된다.

그러다 보면 다시 돈을 모으고 은행 대출을 받아 20평대 후반이나 30평대의 아파트로 또 이사를 하게 된다. 다들 그렇게 산다. 그렇게 살아가다가 좀 더 좋은 집으로, 좀 더 새 집으로, 좀 더 좋은 위치에 있는 집으로, 좀 더 인테리어가 잘 된 집으로 또 이사를 할 것이다.

자, 지금 내가 말한 이 내용이 일반 사람들이 주택을 구입하는 대부분의 모습일 것이다.

여기에서 한번 보자. 우리가 집을 사서 이사를 하면 먼저 우리는 세금 즉 취득세를 내야 한다. <u>취득세를 여러 번 내면 누가 제일 좋아하겠는가? 바로 지방정부이다. 지방정부 세수의 큰 부분을 차지하는 게 바로 취득세라는 것을 여러분은 아시는가?</u>

취득세가 발생하지 않으면 지방정부의 세수에 큰 펑크가 나게 된다. 이렇게 펑크가 나면 중앙정부에서 지방정부의 재정을 도와야 하는 문제가 발생할 수도 있다. 그래서 정부는 일반 사람들이 집을 자주 사고 옮기기를 바라는 것이다.

또한 요즘은 아파트를 사게 되면 어느 누가 대출을 받지 않겠는가? 대출을 받지 않고서야 도저히 집을 살 수 없는 그런 시대가 되고 말았다.

<u>집을 사려면 당연히 우리는 은행에서 대출을 받아야 하고, 은행은 우리 같은 사람들을 통해 이익을 얻는다. 우리가 다시 더 큰 집으로 옮기면 대출 규모도 그만큼 커질 테니 은행은 이익이 더욱 늘어난다. 즉 우리가 집 한 채를 갖고 시간이 지남에 따라 옮기고 또 옮김으로써 정부와 은행 양쪽 모두 이익을 얻는 것이다.</u>

예를 한 번 바꿔보자.

난 수백 채의 아파트를 갖고 있지만 그중 한 채에 살고 있고 나머지는 모두 남들에게 임대를 주었다. 물론 살고 있는 아파트에서 언젠가는 또 이사를 하게 될 것이다. 좀 더 좋은 곳으로, 좀 더 안락한 곳으로.

하지만 내가 남들에게 전세로 임대해주고 있는 아파트는 팔지 않는다. 또한 나는 주택임대사업자로서 정부가 지원하는 세제 혜택을 아주 많이 받는다. 그러니 취득세로 정부에 돈을 빼앗길 일도, 은행의 대출이자 때문에 힘들어할 일도 없다.

대신 나는 내가 살고 있는 아파트에서 엄청난 대출을 받아 그것으로 임대해줄 아파트를 구입했고, 거기에서 나오는 전세 상승 임대료를 통해 대출이자를 갚고도 큰 금액이 남게 만든다. 그러니 나는 은행이 얼마나 고맙겠는가?

여러분은 정부와 은행에 이용당하면 안 된다. 대신 여러분이 정부와 은행을 이용할 줄 알아야 한다.

32

당신은 정말
주택임대사업을 안 할 건가?

이전에 내가 저술했던 책들에서 나는 주택임대사업을 꼭 해야 한다고, 여러분에게 누누이 말씀드렸다. 앞으로 시간이 갈수록 전세 또는 월세 임대료가 계속 오를 수밖에 없기 때문에 주택임대사업을 하면 시간적 자유, 경제적 자유, 선택적 자유를 가질 수 있는 멋진 삶을 살 수 있을 거라고.

그런데 내 의견에 반대하여 SNS에 악성 댓글을 다는 사람들이 의외로 많았다. 내가 10여 년간 많은 실패와 좌절을 겪으며 얻은 노하우를 밝히고 아무리 순수한 뜻으로 도움이 되고자 해도 그것을 왜곡하는 사람들이 많다는 데 새삼 놀라기도 했다.

대부분의 악성 댓글은 일본의 예를 들면서 일본의 아파트 가격이 그렇게 폭락을 했는데 어떻게 아파트 투자를 하라고 하느냐, 나중에 우리나라도 일본의 전철을 밟을 텐데 왜 사람들을 안 좋은 결과로 현혹하느냐는 내용이었다. 또 자료가 빈약하다면서 어떻게 내 말을 다 증명할 수 있느냐고도 했다.

그 의견들에 대해 몇 가지 말하고자 한다.

나는 여러분에게 원리를 알려주고 그 원리를 증명해야 하는 학자가 아니다. 난 현재 힘들고 어려운 삶을 살면서도 최선을 다하는 분들에게 내가 부자가 된 과정과 노하우를 알려주고 싶었다. 그 결과로 그들이 부자가 되기를 바랐던 것이다.

부자들은 자기의 노하우를 밝히지 않는다. 그저 자기들끼리만 공유한다. 하지만 난 그게 싫다. "박정수! 너로 인해 너의 주변을 밝게 해라!" 하신 아버지의 말씀에 따라 나의 노하우를 좋은 분들에게 밝히고 그들이 잘되기를 바라는 마음! 그게 전부다. 그런데도 나의 책과 나를 곡해한다면 그것 또한 그들의 선택이다.

내가 아파트 투자를 한 지 10여 년이 지났고, 지금 소유하고 있는 아파트는 300채 이상이다. 내가 관리하는 회원분들의 아파트가 700여 채가 넘으니 거의 1,000여 채의 아파트를 관리하고 있는 셈이다. 그중 전세 가격이 하락한 아파트는 몇 채 정도일 것 같은가? 이렇게 물으면 "5퍼센트? 10퍼센트?" 하고 되묻는 반응이 대부분이다.

하지만 실제로는 2~3채 정도였다. 그것도 내가 초보일 때, 워낙 아파트를 볼 줄 몰랐고, 세종시 바로 옆 도시의 아파트에 투자했던 것이 실수였다. 세종시가 그렇게 엄청난 아파트 공급 물량을 쏟아낼 줄 몰랐으니까.

하지만 전세가가 떨어졌다 해도 500만 원 떨어졌으니, 엄청난 아파트 공급 물량에 비하면 그리 큰 금액은 아닌 듯싶다. 나머지 그 많은 아파트들의 전세가가 전혀 떨어지지 않았다면 이 글을 읽는 여러분도 안심하고 투자할 만하지 않을까?

시중에는 주택임대사업을 하라고 강력히 권하는 책도 없고, 정부도 여러분이 주택임대사업 하는 것을 그리 반기지 않는다. 하지만 난 여러분에게 강력히 주장하겠다. 매매가 대비 전세가 비율이 아주 높은 중소형 아파트를 구입해서 그것으로 처음 주택임대사업을 시작하라고. 그게 바로 부자가 되는 최고의 방법이자 지름길이라고.

내가 해보니 알겠다. 왜 부자들이 이 방법을 알려주지 않는지를. 부자가 되는 데 있어 이 방법이 얼마나 강력한 무기인지 깨닫고 놀란 적이 한두 번이 아니다. 그러니 이렇게 부자가 된 부동산 부자들이 쉽게 이 방법을 당신에게 알려주겠는가?

부디 지금 하는 일과 함께 주택임대사업을 하기 바란다. 그리고 챗수를 열심히 늘려나가라. 최소 20채만 만들면 당신의 인생은 획기적으로 변한다. 어떤 최고의 주식도, 최고의 펀드도 여기에 비하면 얼마나 지질한 게임인지 모른다.

33

전세가율이 높은 중소형 아파트로
꼭 주택임대사업을 시작하라

주택임대사업을 하면 여러 가지 이점이 있는데, 특히 세금에 대한 이점이 많다. 즉 정부에서 <u>취득세를 면제해주고, 재산세를 감면해주고, 종합부동산세는 아예 내지 말라고 하고, 나중에 팔 때 양도소득세를 줄여준다고 한다.</u> 이 얼마나 좋은가? 이렇게 많은 혜택을 주니 그저 감사할 따름이다.

그런데 참 신기한 게 있다. 위에서 말한 세금들이 모두 다 매년 또는 평생에 걸쳐 적용되는데 오직 취득세만큼만은 그렇지 않다는 것. 취득세 면제 혜택 또는 감면 혜택은 오직 처음 아파트를 분양받을 때에만 적용된다. 그 이후 매매를 해서 다시 아파트를 구입할 때부터는 취득세 면제 혜택이 없다.

왜 그럴까? 아파트를 구입할 때마다 취득세를 면제해주거나 감면해주면 좋으련만……

그 이유는 정부가 부동산을 통해 얻는 세금 중 가장 좋아하는 세금이 바로 취득세이기 때문이다. 취득세는 금액이 많은 만큼 지방정부의 재정에 아주 큰 도움이 된다.

재산세라 해봐야 얼마나 되겠는가? 종합부동산세라 해봐야 일부 부동산 갑부들이 내는 세금일 것이니 그 금액도 별로 크지 않을 것이고.

주택임대사업자가 아파트를 구입할 때마다 취득세 면제 혜택을 주면 지방정부의 재정은 큰 타격을 입게 될 테고, 중앙정부에도 재정 압박이 따를 것이다. 그래서 주택임대사업자에 대한 취득세 혜택은 한 번(최초 분양받아 임대하는 경우에 한해) 뿐인 것이다.

하지만 취득세에 대한 혜택을 못 받는다고 주택임대사업을 안 한다면 그건 미련한 짓이다. 무조건 해야 한다. 정부가 다른 세금을 도와주겠다는데 왜 하지 않느냐는 말이다.

정부가 여러분을 위해 일하게 만들어야 한다. 나중에 여러분이 주택임대사업자가 되어 보면 정부가 여러분에게 함부로 할 수 없다는 것 또한 알게 될 것이다. 게다가 주택임대사업자에게 점점 더 많은 혜택을 주려 하게 될 것이다.

주택임대사업? 무조건 등록하자!

34
갭 투자와 레버리지 효과를 이용하자

이 책의 독자들 중에는 내가 쓴 앞의 책들을 읽은 분이 많을 것이다. 하지만 이 책부터 먼저 읽는 분을 위해 용어 한 가지를 설명하고 넘어가려고 한다.

부동산 관련 분야에서 나는 소형 아파트 투자를 권유하고 있다. 아파트 투자를 하다 보면 나오는 용어로 '갭 투자'라는 것이 있는데, 처음 접하는 사람은 굉장히 어리둥절할 수도 있어서 간단히 원리를 설명하겠다.

"전세금은 나중에 돌려주어야 할 돈이 아닌가요?"

앞서 출간한 내 책을 읽고도 이런 질문을 하시는 분들이 종종 있는데, 그런 분들은 나에게 호되게 혼부터 나고 상담을 시작하셔야 한다.

갭 투자에서 중요한 것은 전세가의 상승분이 즉시 현금 흐름을

만들어낸다는 데 있다.

매매가 3억 원에 전세가 2억 8,000만 원을 끼고 집을 매입한 아파트가 10년 뒤 매매가 5억 원에 전세가 4억 7,000만 원이 되었다고 가정해보자.

10년이라는 기간 동안 여러분의 계좌에는 전세 상승분 1억 9,000만 원이 재계약 때마다 나뉘어 입금되었을 것이다.

여러분은 이 전세 상승분 1억 9,000만 원을 장판 밑에 숨겨둘 것인가? 나중에 집 팔 때 세입자 다 돌려주어야 하니까 절대 쓰지 않고?

그럴 것이 아니라 그 전세 상승분으로 새로운 아파트를 늘려가야 한다.

매매가 3억 원에 산 아파트가 3억 3,000만 원으로 올랐다면 수익률이 10%다. 그런데 전세가 2억 7,000만 원을 끼고 3억 원짜리 아파트를 샀다면, 아파트값이 똑같이 3,000만 원이 올랐어도 투자 금액 대비 수익률은 10%가 아닌 100%가 된다.

이처럼 전세나 은행의 대출 등 남의 돈을 지렛대(lever)로 삼아 투자하여 수익을 내는 것을 '레버리지 효과'라고 한다. 레버리지 효과를 이용하여 꾸준히 좋은 소형 아파트 투자를 이어간다면 당신도 언젠가 20채 이상의 소형 아파트를 소유한 임대사업자가 될 수 있을 것이다.

35

그들은 왜 주택임대사업에 대해
이야기하지 않는가?

정부는 왜 여러분에게 주택임대사업을 하라고 적극적으로 추천하지 않을까?

그것은 정부가 여러분이 주택임대사업 하는 것을 싫어하기 때문이다. 정부에서 공익을 위해 주택임대사업자 제도를 만들었지만 여러분이 주택임대사업을 해본들 정부로서는 별로 얻을 이익이 없다. 오히려 세금을 훨씬 덜 걷게 되어 반대하는 입장인지도 모른다.

그러니 뉴스테이 정책을 미친 듯이 확대하려는 게 아닐까? 똑같은 임대사업인데 개인 임대보다 뉴스테이를 통하면 기업들로부터 엄청난 세금을 받을 수 있을 거 아닌가? 그러니 정부가 앞장서서 여러분에게 주택임대사업을 하라고 할 리는 없을 것 같다. 안 그런가?

그럼 많은 재테크 관련 책 가운데 주택임대사업에 대한 추천 내용은 왜 없는 걸까?

간단하다. 그 저자들 중에 주택임대사업자가 없기 때문이다. 주택임대사업을 하면 얼마나 빨리 부자가 되는지 저자들도 잘 모르는 것이다.

또 부동산 부자들은 왜 다른 사람들에게 주택임대사업을 권하지 않는 걸까?

주택임대사업을 해보니 일반인들이 생각하는 것보다 훨씬 빨리 부자가 될 수 있다는 것을 알게 되자 그 사실을 알리고 싶지 않은 것이 첫 번째, 정부에게서 받는 세금 혜택이 크다는 것도 알리고 싶지 않은 것이 두 번째 이유 아닐까. 어쩌면 남들이 자기처럼 쉽게 부자가 되는 꼴을 보고 싶지 않아서일지도 모르겠다.

나처럼 주택임대사업을 적극적으로 권하는 사람이 얼마나 있을 것 같은가?

36
재테크 책에서 권하는 지역에는
투자하지 마라

부동산 관련 책을 읽다 보면 어느 지역이 투자하기 좋다고 직접 짚어 주기도 한다. 어느 지역은 입지조건이 어떠해서 좋고, 어느 지역은 미래에 어떤 호재가 있어서 좋다면서 말이다. 정말로 그 지역이 투자하기에 적합할까?

또 부동산 관련 전문가가 TV 방송에 나와서 어느 지역을 꼭 투자하라고 강력히 추천하기도 한다. 그런데 정말 그 지역이 그렇게도 좋은 지역일까?

내 경험담 하나를 예로 들어보자.

내가 한참 부동산 투자에 열을 내던 무렵, 소액 땅 투자로 유명세를 치르는 사람이 있었다. 나도 그때 그에게 비싼 수업료를 내고 강의를 들었는데, 수업을 마치면 투자하기 좋은 지역을 알려준다고 했다. 그리고 나중에 그는 내게 TV 사극에서 임금님이 신하에게 밀지를 내리기라도 하듯 은밀하게(?) 투자할 지역을 일러주었다. 나는 감사히 받고 기쁜 마음으로 그 지역에 투자를 하려고 부리나케 가보았다.

그런데 어쩐 일인지, 나 말고도 수백 명의 투자자들이 그곳에서 대기하고 있는 중이었다. 이미 그 이전에 엄청나게 많은 사람들이 투자를 해놓은 상태였고 말이다. 그때 비싼 수업료를 받고 그곳을 알려준 사람은 지금은 사기죄로 구치소에 있다고 한다.

요즘도 간혹 어느 특정 지역을 짚어주며 그곳에 투자하라고 권하는 책이 있다는데? 나 참, 왜들 이러는지?

한번 생각해보라. 정말로 거기가 그렇게 좋은 지역이면 그 저자가 투자하지 왜 아무 거리낌 없이 사람들에게 알려준단 말인가? 독자들은 그에게 비싼 수업료조차 내지 않았는데 말이다. 책에다 그렇게 써놓는 것은 바로 그 지역이 투자의 쓰레기라는 말과 동일한 것 아닌가.

제발 부탁이다. 재테크 책에 나오는 지역, 어디 어디를 추천한다는 그런 말은 믿지 마라. 가봐야 올바른 투자를 하기는커녕 당신이 오히려 그들의 먹잇감이 되는 경우가 허다하다.

나도 남 돕기 좋아하는 사람이지만 내가 모르는 일반 사람들에게는 내가 투자하는 지역에 대해 절대로 말하지 않는다. 하물며 어떤 전문가가 자기만 아는 정보를 그렇게 쉽게 당신에게 알려줄 것 같은가?

그 전문가라는 사람이 아주 강력히 추천하는 지역이라면 혹시 그 지역에 자기가 이미 투자해놓은 것이 있고, 그것을 비싼 가격에 팔고 나오고 싶어서 남을 현혹시키는 것은 아닐까?

청담동 주식 부자인지 뭔지 하는 사람도 그런 방법으로 돈을 벌었다고 하지 않던가? 한번 잘 생각해보라. 내 말이 맞지 않는가?

37
공인중개사에게
부동산 투자에 대해 묻지 마라

공인중개사가 되려면 어려운 시험을 치러서 합격해야만 한다. 특히 요즘은 합격하기가 더욱 어려워졌다고 한다.

예전에 나는 공인중개사가 되어야만 부동산 전문가가 되는 줄 알고 시험 준비를 열심히 했고, 간신히 합격도 했다.

그런데 지금 내가 이렇게 부동산 부자가 되는 데 공인중개사 공부는 얼마나 도움이 되었을 것 같은가? 임차인에 관한 민법적인 내용 몇 가지를 제외하고는 정말 아무것도 도움이 되지 않았다. 여러분이 굳이 공인중개사가 될 필요는 없지만, 부동산 투자를 하는 데 있어 공인중개사의 도움은 꼭 필요하다.

또한 10여 년 전부터 난 부동산 투자를 할 때 당연히 공인중개사와 협업을 통해 투자를 해오고 있다. 처음에 중개사분들은 아파트로 임대사업을 하든지 아니면 나중에 팔든지 하라며 내게 참 많은 아파트를 권했다.

　나는 그 중개사분들이 도대체 얼마나 많은 아파트를 갖고 있을까, 참 궁금했었다. 내게 수많은 아파트를 권했던 만큼 당연히 아파트를 많이 갖고 있을 거라 생각했고.

　그런데 웬걸. 그분들은 아파트를 전혀 갖고 있지 않았다. 게다가 지금도 그 중개사분들 중에 부자인 사람은 한 분도 없다. 왜 그럴까?

　그 이유는 바로 올라버린 아파트 가격 때문이라는 걸 시간이 좀 지나서야 알게 되었다. 그 공인중개사분들은 내가 투자하기 전보다 훨씬 전부터 그 자리에 있었고, 그때부터 그 아파트의 가격 변동의 역사를 상세히 꿰고 있었다. 그런데 내가 투자를 시작할 때의 가격은 이미 그들이 예전에 알던 가격보다 월등히 오른 가격이라 도저히 자기들은 못 사고 내게 소개만 했던 것이다.

　그 이후에도 아파트 가격은 계속 오르고 또 올랐다. 지금도 내가 아무리 그분들에게 아파트를 사라고 해도 이분들은 도저히 못 사겠단다. 예전과 비교해서 너무나도 오른 이 가격에 어떻게 살 수 있겠느냐면서.

　"물가가 오르면 전세가도 오르게 되어 있다. 이렇게 좋은 위치에 있고 매매가와 전세가 차이가 적은 아파트는 계속 전세가가 오를 수밖에 없다. 갖고 있으면서 계속 전세가 상승을 목적으로 임대를 하셔라!" 하고 내가 아무리 외쳐대봤자 그분들은 결국 내게 그 아파트를 양보하고 만다.

부동산 투자를 하려는 사람 중에는 공인중개사에게 부동산시장의 향후 전망을 물어보는 이들이 종종 있다. 하지만 공인중개사들은 부동산시장을 예측하는 사람이 아니라 그냥 그 지역의 아파트를 소개하고 매매 계약을 통해 수입을 얻는 게 목적인 매매중개인일 뿐이다. 그런 분들에게 물어본들 무슨 확실한 답을 얻을 수 있겠는가?

공인중개사에게 물어볼 바에야 스스로 부동산에 대한 안목을 키워라. 그게 정답이다. 부동산 투자에서는 자신의 안목이 가장 중요하다. 또한 발품을 팔아 얻은 경험만이 당신을 부동산 전문가로 만들어줄 것이다.

38

전문가들이 말리는 부동산을 사면
오히려 크게 성공할 수 있다

당신이 만약 부동산 전문가라고 가정해보자. 아주 유명한 사람이어서 TV 방송에도 나가고 신문에 칼럼도 쓴다. 여러분은 수많은 시청자나 독자들에게 자신만 알고 싶어 하는 정보나 밝히고 싶지 않은 부동산을 쉽게 소개할 수 있겠는가? 나 같으면 절대 그런 부동산을 공개적인 자리에서 말하지 않는다.

내게 상담받으러 오는 사람들 중에는 TV 방송에서 전문가라는 사람이 사라고 했다는 부동산을 사서 후회한 사람들이 굉장히 많다. 전문가라는 사람이 사라고 하는 지역을 사면 모두 다 성공할 줄 알았다는 것이다. 그런데 알고 보니 절대 투자하지 말았어야 할 지역이었다고 했다. 또한 그 전문가라는 사람이 그 지역을 직접 연결해주어서 매매했지만 시간이 지나서 크게 후회한 분들이 의외로 많다고 한다.

그 사람들도 전문가이기 때문에 어느 정도 부동산에 대한 정보력이 있을 것이다. 그렇다면 그 사람들이 정말로 알려주고 싶지 않은 지역, 자기만 알고 싶은 지역도 있지 않겠는가?

가끔 이런 생각을 해본다. 영향력 있는 전문가가 자신이 점 찍은 지역에 오히려 투자하지 말아야 한다고 말하면 많은 사람들이 피할 것이고, 그럼 그곳을 전문가들이 독점할 수도 있지 않을까?

그래서 난 요즘 신문이나 방송에서 **누군가가 어느 지역을 피하라고 말하면 한 번 더 생각해보는 습관을 갖게 되었다. 그 사람이 얻을 반대급부적 이익이 뭘까? 왜 그런 말을 했을까? 어쩌면 그 지역에 더 큰 보물이 숨어 있지 않을까?** 이런 생각 말이다.

39

부동산은 언제든 금융자산화할 수 있다

우리나라는 선진국 대비 부동산 자산 비중이 매우 높은 나라다. 선진국은 우리나라와 마찬가지로 소득 하위층이 부동산 자산 비중이 높지만, 상위층은 부동산과 금융자산으로 나뉘어 부동산 자산의 비중이 상당히 낮다.

한 부동산 전문가가 이런 이야기를 한 적이 있다.

"현재 주택을 소유하고 있는 가구의 소유주는 대부분 노년층이며, 그들은 부동산 수요자가 아닌 공급자로서 은퇴 후 신나게 주택을 팔아댈 것이다. 그로 인해 또 폭락이 올 것이다."

하! 무서운 소리다. 폭락이라니…….

얼핏 듣기엔 설득력이 있다. 하지만 내가 주택을 소유한 은퇴자라면 다른 방식을 쓰겠다. 갖고 있는 주택은 주택연금으로 전환하여 죽을 때까지 국민연금과 함께 받겠다.

주택연금에 관한 설명을 살펴보면, 주택이 3억 원일 때 70세에 개시하는 경우 약 97만 원을 죽을 때까지 받을 수 있다. 5억 원이라면 약 160만 원을 매월 받을 수 있다.

① 종신 지급 방식(정액형 기준)
- 일반 주택

(종신지급방식, 정액형. 2016. 2. 1. 기준)   (단위: 천 원)

주택가격 연령	1억 원	2억 원	3억 원	4억 원	5억 원	6억 원	7억 원	8억 원	9억 원
50세	151	303	455	607	759	910	1,062	1,214	1,366
55세	173	347	520	694	868	1,041	1,215	1,388	1,562
60세	227	454	681	909	1,136	1,363	1,591	1,818	2,045
65세	269	539	809	1,079	1,349	1,619	1,889	2,159	2,429
70세	324	648	972	1,296	1,620	1,944	2,268	2,592	2,868
75세	394	788	1,183	1,577	1,972	2,366	2,761	3,076	3,076
80세	489	979	1,469	1,959	2,449	2,939	3,402	3,402	3,402

＊예시 : 70세(부부 중 연소자 기준), 3억 원 주택 기준으로 매월 97만 2,000원을 수령합니다.

② 확정기간 방식
(2016. 2. 1. 기준)   (단위: 천 원)

연령	지급기간	1억 원	2억 원	3억 원	4억 원	5억 원	6억 원	7억 원	8억 원	9억 원
55세	25년	189	379	369	759	949	1,139	1,329	1,519	1,709
	20년	214	429	643	858	1,072	1,287	1,501	1,716	1,931
60세	20년	269	538	808	1,077	1,346	1,616	1,885	2,155	2,424
	15년	322	644	966	1,288	1,610	1,932	2,254	2,576	2,899
70세	15년	402	805	1,207	1,610	2,013	2,415	2,818	3,221	3,623
	10년	541	1,082	1,624	2,615	2,706	3,248	3,789	4,330	4,872

＊예시 : 70세(부부 중 연소자 기준), 3억 원 주택 기준으로 매월 162만 4,000원을 수령합니다.
(종신 방식 정액형보다 매월 65만 2,000원을 더 수령하게 됩니다.)

※주택연금 가입은 주택 소유자 또는 배우자를 기준으로 만 60세 이상일 때 가능하며, 월 지급금은 부부 중 나이가 적은 분을 기준으로 산정됩니다.

부동산&금융 100대 100법

① 평생 거주, 평생 지급
- 평생 동안 가입자 및 배우자 모두에게 거주를 보장해드립니다.
- 부부 중 한 분이 돌아가신 경우에도 연금 감액 없이 100% 동일 금액의 지급을 보장해드립니다.

② 국가가 보증
- 국가가 연금 지급을 보증하므로 연금 지급 중단 위험이 없습니다.

③ 합리적인 상속
- 나중에 부부 모두 사망 후 주택을 처분해서 정산하면 되고, 연금 수령액 등이 집값을 초과하여도 상속인에게 청구하지 않으며, 반대로 집값이 남으면 상속인에게 돌아갑니다.

(출처 : 국민연금공단)

100세까지 살 자신이 없으면 확정기간 방식으로 15년 정도 받으면 된다. 그 이후는 자식에게 의지하더라도 3억 원 기준 120만 원, 5억 원 기준 약 200만 원을 15년간 받을 수 있다.

주택연금은 국가가 보증하여 평생 또는 정해진 기간 동안 지급하므로 위험이 없다. 연금 수령액이 집값을 초과해도 자녀들에게 청구하지 않는다. 반대로 집값이 남으면 상속인에게 물려준다.

이 방법은 집값의 등락과 상관없이 부동산을 금융자산화할 수 있다. 당신이라면 확실치도 않은 집값 폭락론에 집을 팔겠는가? 아니면 연금으로 전환하고 편안하게 기다리겠는가? 그리고 15년, 20년 뒤의 집값이 지금보다 낮을 것이라 보는가?

40
남의 돈이라는 것이 정말 무서운 것이야!

우리 어머니가 내게 항상 하시던 말씀이 있다.

"정수야, 남의 돈이라는 것이 정말 무서운 것이야! 남에게 돈을 빌리면 빨리 갚아야지, 계속 갖고 있다가는 큰일 닥친다. 은행 돈 빌려서 투자하면 무조건 망한다." 하며 주변에서 남의 돈 빌리고 잘못된 사람 예를 수없이 드셨다.

예전에 큰 사업을 하면서 많은 대출을 받았는데 사업이 망하면서 대출 회사로부터 채권 추심을 받아 힘들어하는 사람, 남에게 큰돈을 빌려서 주식에 투자했다가 손실을 보고 도망다니는 사람, 경매 투자를 잘못해서 자기가 투입했던 큰 금액을 받지도 못하고 소송에 빠진 사람 등등……

이런 예를 보면 당연히 남의 빚을 낸다는 게 정말 무섭다.

하지만 나는 남의 돈을 빌려 부자가 된 사람이다. 그 남의 돈 갖고 사업을 한 것도 아니고, 주식 투자를 한 것도 아니고, 경매 투자를 한 것도 아니다. 오직 매매가 대비 전세가가 85퍼센트를 넘는 중소형 아파트를 구입해서 남에게 임대를 준 것뿐이다.

아파트는 2년마다 전세가가 오르면서 수입을 만들어주고, 이러한 전세가 상승은 끊임없이 계속된다. 그러다 그 아파트가 수명이 다하면 재개발·재건축으로 이어져 엄청난 황금알을 낳아주기도 할 것이다.

자기 돈을 갖고 아파트를 구입하려면 처음에 많은 아파트를 구입하기가 힘들다. 하지만 은행의 대출을 이용하면 처음에도 이런 아파트를 많이 구입할 수 있지 않겠는가?

매매가와 전세가의 차이가 2,000만 원 정도(세금 제외)라고 한다면 2억 원을 대출받았을 때 10채를 구입할 수 있고, 그 아파트에서 2년마다 나오는 전세 상승으로 인해 더 많은 아파트를 쉽게 구입할 수 있다. 하지만 여러분이 돈을 모아서 이런 아파트를 구입하려 한다면 2억 원을 모으기도 힘들뿐더러 시간 또한 매우 더디다.

은행 이자가 문제라고? 2억 원 빌리면 한 달 이자가 많아봐야 60만 원이다. 1년이면 720만 원이고 2년이면 1,440만 원이다. 이게 많은 거 같은가?

2억 원을 갖고 구입한 10채의 아파트에서 나오는 전세 상승가는 얼마나 될 것 같은가? 이자 1,440만 원은 정말 껌값이다.

안 그런가?

전세가는 한 번 정해지면 떨어질 가능성이 거의 없다. 그렇다면 이보다 안전한 투자가 어디 있다는 말인가?

위험 없는 투자가 없다고? 다들 이렇게 생각한다. 하지만 내가 아파트 투자를 10여 년 동안 해왔지만 인기 많은 중소형 아파트를 전세 끼고 사놓는 데 위험은 거의 없었다.

그래서 난 이 투자를 남들에게 이야기하고 싶지 않기도 했다. 오직 나만 알고 싶은 그런 엄청난 투자였으니까. 내가 지금 아파트 300채 이상을 보유한 거대한 부자가 된 것은 바로 이 안정된 투자 덕분이었다.

부디 이런 아파트를 남의 돈, 즉 대출을 통해서 가능하다면 처음에 많이 구입하시기 바란다. 지금 내가 말하는 이 점이 진정한 부동산 부자들이 남들에게는 알리고 싶어 하지 않는 투자법이다.

부동산 부자들 중에 처음에 남의 돈을 빌리지 않은 사람 없고, 그 금액도 누구나 상상하기 힘든 정말 큰 금액이다. 그 금액을 갖고 위험한 상가나 빌딩에 투자한 것이 아니라 아파트를 전세 끼고 사서 기다린 것이다. 그 기다림이 바로 그렇게 엄청난 부자를 만들어주었다는 점을 기억했으면 한다. 부디 남의 돈, 대출을 많이 이용하시라.

41

부동산 대출도
부자들만 이용하는 방법이 따로 있다

많은 분들과 상담을 하다 보면 내가 깜짝 놀랄 때가 있다. 뜻밖에도 많은 분들이 아파트를 구입하려고 대출을 받고는 미친 듯이 빨리 갚으려고 조바심을 냈던 것이다. 그분들은 거의 10년 안에 다 갚겠다며 쓸 것 안 쓰고 오직 대출금 상환에만 몰두하고 있었다.

그러면 물론 은행이야 좋다. 대출금이 빨리 상환되면 그 돈으로 또 다른 곳에 대출을 해주고, 다시 대출금이 빨리 상환되면 또 대출해줄 수 있으니, 은행으로선 당연히 이익이고, 크게 환영하며 반길 일이다.

하지만 대출을 받는 사람한테는 오랫동안 이자만 내는 구조가 이득이다. 특히 지금 같은 저금리 시대에는 물가 상승보다 은행의 대출이율이 낮기 때문에 그렇게 낮은 이율로만 계속 상환하는 게 제일 좋은 방법이고, 혹시나 원금과 이자를 같이 갚더라도 아주 오랜 기간에 걸쳐 갚는 것이 좋다.

1억 원을 빌렸을 때 10년 동안 모두 다 갚는 사람과 30년 동안 다 갚는 사람을 비교해보자. 보통은 10년 동안 빨리 갚는 게 이자가 적게 나오니 당연히 10년 상환이 좋은 방법이라고 생각할 것이다.

하지만 결론적으로 우리에게 유리한 것은 30년 상환이다. 30년간 내야 하는 이자가 숫자로는 크지만 물가상승을 감안하면 실제 상환 금액은 10년 상환보다 30년 상환이 훨씬 적다. 물가 상승 대비 대출이율이 낮기 때문이다.

모든 재테크나 대출을 계획할 때는 물가를 감안해야 한다. 단지 숫자만 갖고 판단해서는 안 된다. 또한 대출을 받더라도 이자만 내는 것이 유리한데, 은행에서는 3년 동안 이자만 갚고 그 이후에 원금과 이자를 같이 갚으라고 할 것이다.

하지만 우리 같은 부자들은 은행의 제도를 무조건 따르지 않는다. 3년 동안 이자만 내다가 3년이 지나면 다시 대출을 갱신한다. 즉 다른 대출로 갈아타는 것이다. 그러고 나서 다시 또 3년간 이자만 낸다. 그다음 또 3년이 지나면? 또 대출을 갈아탄다. 이렇게 평생 이자만 내는 것이다. 어떤가?

이자만 내고 대출원금은 갚지 마라. 그 원금 갚을 돈으로 올바른 투자를 하자. 나처럼 소형 아파트를 전세 끼고 구입하는 것이 바로 그 좋은 예다.

대출원금을 갚으면 여러분은 좋은 자산을 구입할 기회를 잃는 것이다. 하지만 대출원금을 갚지 않으면서 그 금액으로 여러분의 자산을 만드는 것, 이것이 은행의 돈을 갖고 여러분이 부자가 되는 방법이다.

은행 대출은 원금을 갚지 말고 이자만 갚자. 은행과 정부가 싫어하지만 말이다. 은행을 이용할 줄 알면 여러분이 부자가 되는 속도가 그만큼 빨라지게 된다.

42
대출은 부동산 투자의 최고 무기다

많은 재테크 책을 보면 대출은 재테크의 최대의 적이므로 받지 않는 게 좋고, 혹시 받아도 최소한으로 받아야 하며, 최대한 빨리 갚으라는 말들이 대부분이다.

난 이런 글들을 보면 화가 치민다. 왜 이런 말들을 썼을까? 확신하건대, 이런 글을 쓴 사람은 부자가 아닐 것이다. 부자가 아니기 때문에 이런 미련한 소리를 했을 것이다.

난 항상 주장한다. 대출은 최대한 많이 받으라고. 여러분이 거주할 아파트를 구입하려는데 1억 원이 모자란다면 2억 원 또는 3억 원을 받아라.

그렇게 해서 모자란 금액 1억 원을 치르고, 남은 금액 1억 원 또는 2억 원으로 다른 사람에게 임대해줄 중소형 아파트를 구입해라.

2억 원이면 수도권에서 최소한 5~6채 정도의 아파트를 전세 끼고 살 수 있다. 이 아파트에서 나오는 전세가 상승분으로 여러분이 받은 대출의 이자도 갚고, 자동차도 사고, 자녀들 학원도 보내고 하면 된다. 전세가는 시간이 가면서 물가가 오르는 것보다 더 빠른 속도로 오를 수밖에 없다. 그 전세가 상승분으로 여러분의 인생을 윤택하게 만들자.

그런데 일반적인 재테크 책이나 재테크 강사들이 하는 말처럼 대출을 최소한으로, 또는 필요한 만큼만 받으면 위에 내가 말한 임대용 아파트를 구입할 수가 없다. 평생 월급에 맞춰 살아야 하고, 그러다 보면 항상 돈에 얽매일 수밖에 없다.

아무리 월급을 이리 쪼개고 저리 쪼개고 해봐도 부자가 되기는커녕 언제나 경제적 어려움에 시달리며 한숨만 쉬고 살게 될 것이다. 대출을 다르게 바라보는 시각 하나, 대출에 대한 지식 하나가 여러분을 부자로 만들어주거나 가난한 자로 만들어준다. 이 글을 읽는 여러분은 어떤가? 아직도 대출을 조금만 받고 싶은가? 아직도 대출을 조금만 받고 싶다는 사람이 있다면, 그 사람은 부자가 될 자질이 부족하거나 부자가 될 의지가 부족한 것이다.

부디 대출을 사랑하자. 많은 대출을 받아서 불안해하지 말고 그렇게 많은 대출을 받을 수 있다는 것에 대해 행복해하자. 대기업도 그렇고 큰 부자들도 그렇고, 그 막대한 대출이 없었다면 지금의 부를 이룰 수 없었다.

43
금리가 오르면
대출받은 사람에게 큰 타격이라고?

　금리가 오르면 대출을 받아 아파트를 구입한 사람에게 큰 타격이라고 뉴스나 신문기사에 나오곤 한다. "조심하라, 그러다 큰코다친다. 잘못하면 쫄딱 망한다"고. 정말 그럴까?

　솔직히 이 말이 맞긴 하다. 평범한 샐러리맨에게 지금까지 매달 50만 원씩 내던 이자를 갑자기 70만 원씩 내라고 하면 얼마나 큰 부담이겠는가? 그러니 당연히 아파트를 사고자 했던 사람들이 사지 않고 기다리게 된다. 그러면 아파트의 매매가는 떨어지고 대신 전세와 월세의 수요가 증가하면서 전세가와 월세가가 오를 확률이 커진다.

　특히 금리가 오르면 집값 하락을 점치면서 자기가 살던 집을 팔고 전세로 이사를 가는 사람들을 난 정말 많이 봐왔다. 아파트 한 채만 가지고 거기에서 거주하는 사람의 경우 대출금리가 올라 매월 이자비용을 더 많이 지불해야 하니 당연히 힘들 수밖에 없고, 가정경제에도 타격을 받는 것이 사실이다.

하지만 나처럼 거주하고 있는 아파트에서 대출을 받아 그 금액으로 많은 임대아파트를 구입해놓은 사람은 금리가 오르면 덩실덩실 춤을 춘다. 금리가 오르면서 내가 소유한 아파트의 전세가가 크게 오르고, 또한 이런 임대아파트를 많이 소유하고 있으면 전세상승 효과가 엄청나기 때문이다.

많은 아파트들은 금리가 오르면서 매매가가 떨어지지만 내가 이전에 쓴 책에서 설명했듯이, 매매가와 전세가의 차이가 적은 아파트는 전세가가 오르면서 매매가도 올리는 기현상을 발휘한다.

참 신기하지 않은가? 남들은 아파트 매매가가 떨어져서 눈물을 흘리는데 우리는 오히려 그 반대로 전세가도 오르고 매매가도 오르니 말이다. 매월 대출이자 20만 원 더 내고 여러분이 소유한 아파트들의 전세가가 1억 원 가까이 오를 수 있다면 이 얼마나 기쁜 일이겠는가?

우리는 그저 아파트를 하나만 가져야 한다고 생각하지 말아야 한다. 내가 거주하는 아파트 한 채에 만족하는 그런 바보 같은 사람이 아니라, 내가 거주하지 않고 남들에게 임대를 해주는 임대사업자로서 많은 아파트를 소유해야 한다. 그러면 금리가 아무리 오르락내리락해도 언제나 웃으면서 살 수 있을 것이다.

44
당신이 겪는 전세난은
정부와 기업의 작품이다

정부가 저금리 정책을 계속 고수하고 있다. 정부인들 억지로 그러고 싶어서 그러겠는가? 워낙 전 세계적으로 경제 상황이 좋지 않으니 저금리 정책을 쓰지 않을 수도 없을 것이고, 게다가 앞으로도 계속 몇 년 이상은 유지될 것이다.

하지만 저금리 정책이 경제를 살리는 데 도움이 되는지는 몰라도 서민의 생활을 더욱 힘들게 하고 있다는 것을 아는가?

저금리 정책하에서 가장 혜택을 받는 것은 아파트 가격이다. 워낙 금리가 낮다 보니 그 대출이자가 충분히 감당할 만할 것이기 때문에 대출을 받아서 쉽게 아파트를 구입할 수 있다. 그러므로 아파트 수요가 늘고, 수요가 늘면 아파트 가격이 오르게 마련이다. 또한 아파트 분양권 프리미엄도 쉽게 오를 수밖에 없다.

여기에서 문제가 되는 건 바로 아파트를 소유한 전세 집주인들이 월세로 바꾸는 전환 추세가 아주 가파르다는 점이다.

나 같은 전문 아파트 투자자가 아닌 일반적으로 아파트를 2~3채 정도 갖고 있는 임대인이라면 지금 같은 저금리 기조 속에서 전세를 계속 유지하려 하겠는가? 그 전세 보증금을 은행에 예금해 봐야 이자를 얼마나 받겠는가?

집주인 입장에서야 당연히 월세로 돌려서 수입을 늘리려고 하지 않겠는가? 그러니 점점 전세는 씨가 마를 것이다. 이는 곧 시간이 갈수록 전세난이 아주 심각해질 것이라는 이야기와 일맥상통한다. 여러분이 전세를 구하러 수도 없이 돌아다녀도 쉽게 구할 수 없는 전세난은 풀기 힘든 숙제와 같은 것이다.

세계 경제가 이후에 좋아질 것 같은가? 다른 나라와 달리 우리나라만 고금리 정책을 펼칠 수 있을 것 같은가? 기업들이 힘들다고 정부에 도와달라고 끊임없이 요청하는데 그와 반대로 금리를 올려서 기업을 힘들게 할 수 있을 것 같은가?

정부는 기업으로부터 세금을 받아야 하는 입장이고, 기업은 이윤을 내야 세금을 낼 수 있을 것 아닌가? 그러려면 이러한 경제 여건하에서 국민들의 입장보다는 기업의 입장에 정부가 손을 들어줄 수밖에 없는 것이다. 기업이 살아야 경제가 살고, 경제를 살리기 위해서는 세금이 들어와야 한다는 논리 아니겠는가?

또한 전세를 구하기 힘들면 그 사람들이 대부분 아파트를 구입하게 됨으로써 아파트 가격을 올리게 될 거라는 정부의 기대도 존재하게 된다. 어쩌면 현재 여러분이 전세난을 겪는 대신 정부나 기업들이 웃고 있는 것은 아닐까?

45

도대체 이놈의 전세난은
언제까지 지속된단 말인가?

정답부터 말하자. 여러분이 죽을 때까지 전세난은 지속된다. 아니 전세난은 시간이 가면 갈수록 더욱 커지게 되어 있다.

전세 제도는 지금 우리가 겪고 있는 저금리 기조하에서는 계속 유지될 수 없다. 집주인들이 전세를 유지하고 있을 수 없기 때문이다.

그렇다고 이 저금리 기조가 고금리 기조로 바뀔 것 같은가? 웃기는 소리 하지 마라. 고금리 기조는 우리가 죽을 때까지 오지 못한다. 경제가 1980~1990년대처럼 활황기 때라야 고금리 기조를 펼 수 있는 것인데 전 세계에 그런 날이 올 것 같은가?

저금리 기조가 평생 지속될 수밖에 없다. 그렇다면 이는 역으로 전세난이 우리가 죽을 때까지 계속 존재하고 더욱 커질 수밖에 없다는 이야기이다.

시간이 가면 갈수록 전세를 구하기가 더 어려워질 것이고, 전세가격은 계속 폭등하게 될 것이고, 전세를 가지고 있는 집주인은 세입자에게 고맙다고 추앙을 받을 것이다.

정부가 아무리 별짓을 다 해도 전세난은 해결이 안 된다. 정부도 이 전세난을 해결할 방법이 없다는 것을 잘 안다. 대신 그냥 노력하는 척할 뿐이다.

이렇게 전세난이 계속된다는 전제하에 여러분들이 아파트를 구입할 수 있는 능력이 되는 상태에서 전세로 살고 있다면 다시 한 번 생각해 보기 바란다.

나는 어쩌면 여러분들이 집을 늦게 구입할수록 더 손해이지 않을까 싶은데……

46

경매할 시간이 있다면
EBS 다큐프라임 〈자본주의〉를 봐라

10여 년 전에 난 경매에도 아주 관심이 많았다. 그래서 학원도 많이 다녔고, 경매를 가르치던 강사들과 친해지려고 노력도 많이 했다. 그 사람과 친해지면 좋은 경매 물건도 구할 수 있고 도움도 받을 수 있을 거라는 지극히 순수한 생각을 했던 것 같다. 바보처럼 말이다.

그때 경매 수업을 들으면서 왠지 경매가 이미 예전처럼 블루오션이 아니라는 느낌이 피부에 와 닿았다. 경매를 배우려는 사람이 강의실에 꽉 찼고, 내가 받는 수업 말고도 강의 시간이 꽤 많이 편성되어 있었다.

그런데 그런 경매 학원이 어디 하나둘이겠는가? 이미 전국적으로 아주 많았다. 그런데도 이상하게 경매 강사들, 경매학원 원장들은 경매만이 최고의 재테크 수단이고 부자가 될 수 있는 강력한 무기라고 계속 주장하는 것이었다. 난 이게 아니다 싶어 중도에 탈퇴했다. 그런데 정답은 정말 아니라는 것이다. 경매로 돈을 버는 시대? 끝났다.

그 많은 경쟁자들을 어떻게 다 이길 것이며, 그 경쟁자들을 이기려면 아주 높은 가격으로 응찰을 해야 하는데 그러면 무슨 이익이 있겠는가?

아직도 내 메일함에는 그때 다녔던 경매학원에서 보낸 이메일이 가득하다. 여전히 자기 학원에 와서 경매 수업을 받아야 부자가 된다는 광고들이다. 아직도 경매의 이런 현실을 잘 모르고 경매학원에 다니는 순진한 사람들이 많을 것이다.

그분들에게 말하고 싶다. 경매할 돈이 있으면 그 금액을 아끼라고. 대신 EBS 다큐프라임 〈자본주의〉를 보라고. 유튜브에서 공짜로 보지 말고 EBS에서 유료로 구입하라고. 구입하는데 1건당 1,000원밖에 안 한다. 이렇게 콘텐츠 비용을 내고 봐야 EBS에서 더 좋은 다큐멘터리를 만들어줄 것 아닌가?

EBS 다큐프라임 〈자본주의〉는 정말 걸작 중의 걸작이다. 경매 수업을 수천 번 들을 바에야 이 다큐멘터리를 한 번 볼 것을 추천한다. 그러면 정말 돈의 흐름을 알게 되고, 부자들이 어떻게 돈을 버는지, 금융회사들이 어떻게 소비자들을 속이는지도 알게 된다. 우리가 자본주의 사회에 살고 있으니 이런 정보를 알고 있어야 올바른 판단을 할 수 있는 것이다.

자본주의에 대한 올바른 지식이 더 빠른 시간 안에 당신을 더 큰 부자로 만들어줄 것이다. 이제 얄팍한 경매 지식을 갖고 부자가 되는 시대는 지났다.

아마 정부, 금융회사, 거대한 부자들은 EBS 다큐프라임 〈자본주의〉를 매우 싫어할 것이다. 난 우리나라 정부가 그리고 금융회사가 이 방송을 보라고 추천하는 것을 한 번도 보지 못했다. 그만큼 〈자본주의〉는 그들이 밝히고 싶어 하지 않는 비밀을 알려주기에 여러분에게 큰 도움이 될 것이다.

47

정부는 당신이 부동산 부자가 되는 걸 절대 바라지 않는다

이 글을 읽는 독자 여러분은 현재 갖고 있는 아파트 또는 주택이 몇 채인가? 지금 살고 있는 집 한 채? 아니면 전세나 월세에 살고 있는 분도 많지 않은가? 그중 젊은 사람들은 열심히 돈을 모아 어떻게 해서든 꿈에도 그리는 아파트 한 채 사는 것이 목표일 것이고, 어떤 분들은 지긋지긋한 월세나 전세에서 벗어나는 게 꿈일 수도 있을 것이다. 이것이 바로 대한민국 국민 대다수의 현실 아닐까.

전세를 살다 보면 2년 만기 후 다시 보증금을 올려주어야 하고, 그 인상폭을 월급이 못 따라가니 허리가 휜다. 매달 월급에서 꼬박꼬박 많은 금액이 빠져나가는 월세는 말해 뭐한가. 맞다. 그래서 언론과 방송에서도 세입자의 현실을 다루면서 계속 집을 사야 한다는 것처럼 보도했다.

이토록 어려운 과정을 통해 집을 마련하고, 나중에 더 비싼 아파트나 주택을 갖게 되면 과연 부자가 되는 거라 생각하는가? 다른 사람들이 부러워할 정도로 비싼 아파트 또는 주택에 살게 되면 더욱 부자가 되는 걸까?

아마 대부분의 사람이 자기 돈에다 은행 대출을 합쳐 아파트나 집을 샀을 때 부자가 된 듯 뿌듯한 기분을 경험할 것이다. 오랜 기간 힘들게 모은 자기 전 재산을 들여 이룬 결과이니 왜 그렇지 않겠는가. 게다가 아파트 가격까지 오른다면 더욱 부자가 된 기분이 들 것이고.

하지만 여러분이 알아야 할 것이 있다. 자기 소유의 아파트가 한 채 있고 현재 거기에서 살고 있다면 그 아파트 한 채는 여러분이 부자가 되는 것과 별 상관이 없다. 아파트 가격이 아무리 오른다 해도 당신이 부자가 되지는 않을 테니까. 내가 사는 아파트값이 오르는데 어째서 내가 부자가 될 수 없느냐고?

한번 생각해보자. 세상에는 여러분의 아파트만 있는 게 아니다. 여러분의 아파트와 그 옆의 아파트, 서울의 아파트, 지방의 아파트…… 천지 어디에나 있는 것이 아파트다. 여러분이 사는 아파트의 가격이 오르면 인근 아파트의 가격도 오른다. 어디 그뿐인가. 전국의 아파트 가격이 동반해서 오른다.

나중에 아파트를 팔면 큰 금액이 생길 거라고? 맞는 말이긴 하다. 아파트 가격이 많이 오른다면 여러분의 호주머니에는 많은 금액이 들어올 테니까.

하지만 아파트를 팔고 나서 그냥 길 위에서 살 수는 없지 않은가? 그렇다. 다른 아파트로 이사를 하려 해도 이미 다른 아파트의 가격 역시 많이 올라 있을 것이다. 그러므로 거주하고 있는 한 채의 아파트는 여러분이 부자가 되는 데 별 도움이 되지 않는다는 말이다.

대신 여러분도 나처럼 남에게 임대해주는 아파트를 소유한다면 그때부터 이야기는 달라진다. 거주하는 아파트 외에 다른 아파트가 있으면 아파트값이 오를 때 그에 대한 이익을 추구할 수 있고, 그 아파트를 다른 사람에게 임대해주면서 임대수익도 얻는다. 이렇게 남에게 임대해주는 아파트를 많이 소유하고 있는 사람을 부동산 부자라 하는데, 여러분 역시 부동산 부자가 되는 길에 들어설 수 있다.

그럼 한 가지 더 생각해보자. 정부는 여러분이 부동산 부자가 되는 것을 좋아할까, 싫어할까? 여러분이 부동산 부자가 되어 풍족하고 여유로운 삶을 사는 데 정부는 찬성할 것 같은가, 반대할 것 같은가?

내 경우를 예로 들겠다. 난 현재 수백 채의 아파트를 소유하고 있다. 아파트의 가격이 오른 폭도 상당하지만 임대수익도 여러분이 생각하는 것 이상으로 크다. 그렇게 수익이 크다면 당연히 세금도 많이 내야 하겠지만 나는 주택임대사업자라는 합법적인 방법으로 세금도 별로 내지 않는다.

매년 내야 하는 재산세는 큰 부분을 감면받고 있고, 많은 사람들이 정말 무서워하는 종합부동산세도 거의 내지 않는다. 게다가 나중에 갖고 있는 아파트를 팔 때 양도소득세도 많은 부분을 감면받는다. 나뿐 아니라 다른 부동산 부자들도 모두 나와 같은 합법적인 방법으로 정말 많은 세금을 덜 내고 감면받는다.

정부가 세를 받는 집주인에게 소득세를 부과하려 해도 그게 말처럼 쉽지 않을 것이다. 자발적으로 월세 소득을 신고하는 집주인이 드물고, 게다가 전세금에 대한 세금은 더욱 거두기 어려운 세무 구조이기 때문에 결국 주택임대사업을 하는 개인들에게 정부가 걷을 수 있는 세금이 크게 줄어들 수밖에 없다. 따라서 정부는 당신이 부동산 부자가 되는 것을 절대 좋아하지 않는다.

그렇다면 정부가 바라는 바는 두 가지 정도가 있을 거라 생각한다.

첫째, 이렇게 개인이 많은 아파트를 임대해주는 데 대한 거부감이 크기 때문에 임대시장을 대기업에 넘기고 싶어 할 것이다. 이게 바로 요즘 정부에서 내놓은 뉴스테이 사업이다. **부동산임대업을 대기업에 맡기면 대기업은 이 거대한 임대사업 시장을 월세로 운영하면서 이익을 남기려 할 것이고, 그 소득에 대해 투명하게 정부가 세금을 징수하게 될 것이다.** 즉 정부는 기업에 임대업을 개방함으로써 지금까지 어려웠던 개인 임대 월세 소득에 대한 막대한 세금 징수 문제를 너무나도 쉽게 해결할 수 있지 않겠는가?

둘째, 그동안 정부에서 해왔던 일정 부분의 공공임대, 국민임대를 대폭 축소할 것이다. 정부는 저성장의 악영향을 막기 위해 그동안 계속 적자 재정을 펼쳐왔고 이후에도 적자 재정은 지속될 것이다. 국가 경제는 살려야겠지만 갖고 있는 세금은 별로 없고……. 그러다 보니 외국에서 돈을 빌려서라도 국가 경제를 살리려 애를 쓸 거 아닌가? 이런 와중에 지극히 못사는 국민들을 위해 막대한 적자를 감수하면서 공공임대, 국민임대사업을 계속 펼칠 것 같은가? 절대 그럴 수 없을 것이다.

정부가 이렇게 임대사업을 축소하면 대기업에서 하게 될 임대사업, 즉 뉴스테이 사업에 더 큰 도움이 될 것 아닌가? 그러면 정부는 그동안의 막대한 재정 적자를 가져왔던 공공임대, 국민임대의 축소를 통해 세금의 마이너스를 크게 줄일 수 있고, 여기에 덤으로 대기업의 임대사업으로 인해 얻게 될 엄청난 세금까지 챙길 수 있게 되는 일석이조의 효과를 얻게 되는 것이다.

이런 상황을 보면서 여러분들도 뭔가 느낌이 오는가? 다시 말하지만 정부는 여러분들이 부동산 부자가 되는 것을 바라지 않는다.

하지만 뉴스테이 시행 전이든 후든 내 주장은 변함없다. 여러분이나 나 같은 흙수저들이 단시간에 부자가 될 수 있는 최고의 방법은 여전히 부동산임대업 즉 부동산을 통해 부자가 되는 것이다.

내가 쓴 책《부동산 투자 100문 100답》에서 밝힌 부자 되는 방법을 이용한다면 어느 누구든 큰 부자가 되는 것은 시간문제다. 하지만 정부는 이런 노하우가 쉽게 일반 국민들에게 전파되기를 바라지 않는다. 그냥 여러분이 아무것도 모른 채 열심히 일만 하길 바라고, 열심히 세금 내주길 바라고, 정부가 원하는 대로 움직여주기만을 바랄 뿐이다.

그게 바로 자본주의 하의 정부의 모습이다. 여러분이 발전하는 것? 진정한 부자가 되는 것? 정부는 절대 바라지 않는다.

정부가 여러분이 부자가 되기를 바랐다면 주택임대사업자 제도에 대해 미친 듯이 열심히 선전과 광고를 했을 것이다. 하지만 지금 우리나라 국민의 대다수는 주택임대사업자 제도에 대해 제대로 알지 못한다.

정부에서 의도적으로 알리지 않은 것은 아닐까? 이 제도가 정부에게 이익이 되고 정부가 발전시키고자 하는 정책이라면 얼마나 열심히 국민들에게 홍보를 했겠는가. 하지만 정부는 전혀 그러지 않았고 앞으로도 절대 그러지 않을 것이다.

48

지금이 부동산 끝물이냐고?
부자들은 부동산이 폭락하기를 바란다

부동산 폭락론자들은 어제도 오늘도 내일도 부동산 폭락만을 주장한다. 정말 쉬지 않고 말한다. 이제는 부동산 끝물이니 어서 빠져나와야 한다, 곧 아파트 가격이 크게 떨어질 테니 어서 빨리 빠져나오라고 말이다.

실제로 부동산 폭락이 일어나면 일반 국민은 모두 패닉에 빠질 것이다. 얼마나 힘들게 마련한 아파트인데 갑자기 가격이 폭락하면 왜 안 그렇겠는가. 정부 또한 패닉에 빠지기는 마찬가지일 것이다. 아파트 가격이 폭락한다면 이것이 곧 경제 위기로 치달을 수 있기 때문에 어떻게 해서든 더 큰 폭락을 막으려 할 것이다.

월세 임대사업을 하는 임대인들은 월세보증금을 제대로 못 내줄 수도 있고, 이렇게 부동산의 폭락이 온다는 것은 즉 월세 시세도 떨어지게 된다는 것을 의미하기 때문에 큰 타격이 아닐 수 없다.

하지만 난 이런 폭락이 와도 문제가 되지 않는다. 오히려 그 폭락이란 것이 제발 좀 왔으면 좋겠다 싶은 게 내 솔직한 심정이다. 이건 또 무슨 말이냐고?

내가 소유한 아파트들은 모두 다 전세를 끼고 있고, 내가 계속 말하지만 아파트 가격이 아무리 떨어진다 해도 전세가 이하로 떨어지지 않을 거 아니겠는가? 경기가 안 좋으면 사람들이 집을 사기보다는 전세로 들어와 살기를 바랄 테니 전세가는 떨어지지 않고 오히려 오르거나 그때의 가격을 계속 유지할 것이다.

난 아파트를 죽을 때까지 팔지 않을 거라 매매가에는 별 신경도 쓰고 있지 않다. 전세가만 떨어지지 않으면 내가 무얼 걱정할 건가?

대신 나 같은 투자자들은 이렇게 아파트 가격이 폭락한다면, 모든 사람들이 패닉에 빠져 있을 때 보물과 같은 아파트를 맘껏 구입할 수가 있다. 그것도 아주 싼 가격에 말이다. 이보다 더 좋은 기회가 어디 있겠는가?

미안한 말이지만 부동산 폭락? 그런 게 오면 나 같은 사람은 더 크게 부자가 되는 것이고 일반 사람들은 더 크게 힘들어지는 것이다. 그래서 오히려 이런 폭락을 기다리는 부자들도 있다는 점을 여러분이 알아야 한다.

여러분이 거주하는 아파트 한 채만 갖고 있을 게 아니라 다른 사람에게 전세로 임대해주는 아파트를 여러 채 갖고 있으면 아무리 부동산 폭락이 일어나도 기뻐하게 되어 있다.

부동산 폭락은 나 같은 부동산 부자들에게는 더 큰 기회를 주는 엄청난 선물이기 때문이다.

49

부동산 정책은 왜 갈팡질팡하는 건가?

부동산은 정부의 정책이 정말 중요하다. 그것을 우리가 거스를 수가 없는 것이다. 정부의 부동산 정책에 거스르면 실제로 이익보다는 손해가 나는 경우가 대부분일 수밖에 없다. 뉴스테이 정책도 그렇고, 신도시 사업도 그렇고, 우리는 정부가 원하는 것이 무엇인지를 잘 파악할 필요가 있다.

정부는 많은 부동산 정책을 펴면서 어떨 때는 우리에게 아파트를 사라고 신호를 보내고 어떨 때는 사지 말라고 신호를 보낸다. 참 신기하다. 정부의 정책이 일관성이 있어야 함에도 불구하고 그렇지 못한 경우가 너무나도 허다하다. 왜 그럴까?

난 정부가 부동산에 대한 전문적인 지식과 통찰력이 부족하기 때문에 이랬다저랬다 하는 거라고 생각한다. 부동산이라는 게 학교에서 배우는 인수분해나 행렬, 미적분처럼 공식에 딱 딱 들어맞으면 얼마나 좋겠는가? 하지만 수많은 변수로 인해 어디로 어떻게 튈지 모르는 게 부동산인데 말이다.

정부의 정책을 세우는 고위 공무원들은 직접 부동산 투자를 해봤거나 부동산시장을 경험해본 사람들이 아니다. 결국 외국의 부동산 사례를 공부하고 그것을 우리나라 부동산시장에 접목시키려 할 뿐이다. 부동산에 대한 전문적인 혜안이 있거나 경험이 있다면 우리나라 정부처럼 이렇게 우왕좌왕하지는 않을 것이다.

이럴 때 우리는 어떻게 해야 하겠는가? 정부가 아파트를 사라고 장려할 때 마구 샀다가 팔라고 할 때 팔아야 하겠는가? 그러기보다는 여러분이 거주할 집은 당연히 있어야겠지만 남에게 임대해줄 아파트를 많이 갖는 게 좋을 것 같다.

어차피 **정부는 아파트 가격이 떨어지지 않는 정책을 세울 것이 당연하다. 그것을 유지해야 경제구조에 대한 큰 피해를 막을 수 있다.** 정부는 그동안 일본의 부동산 실패 사례를 연구했을 것이고, 유럽은 일본과 달리 부동산 가격이 올랐다는 점도 수없이 연구했을 것이다.

그래서 신도시 개발 사업을 중단하고 재개발·재건축을 통해 구도심을 살리려는 계획을 세웠을 것이다. 또한 그동안 한 번도 들어본 적 없던 뉴스테이 사업이라는 것을 갑자기 발표했고, 정부가 이것을 통해 부동산시장에 큰 변화를 가져오리란 것을 직감할 수 있다.

이런 상황에서 여러분은 어떻게 해야 하겠는가? 내 결론은 간단하다. 여러분 모두 아파트를 갖고 있어야 한다. 주거를 위한 아파트건 아니면 남들에게 임대해줄 아파트건 무조건 빠른 시간 내에 아파트를 소유해야 한다.

물론 시간이 지나면서 정부의 정책은 또 바뀔 것이다. 하지만 바뀐다고 해도 아파트를 소유하고 있는 집주인들을 위한 정책 위주로 바뀌는 것이지 집 없는 사람들을 위해 집주인의 권리를 포기하는 정책을 내놓을 수는 없는 것 아니겠는가?

선진국의 아파트 임대료는 우리가 상상할 수 없을 만큼 많다고 한다. 그에 비하면 현재 우리나라의 아파트 임대료는 새 발의 피다. 우리나라에도 이런 날이 안 올 것 같은가?

다시 말하지만, **다른 사람에게 임대해주는 아파트를 많이 가진 사람이 크게 성공하는 시대가 온다는 점을 난 주장하고 싶다. 세상은 그렇게 흘러간다.**

정부는 집이 없는 사람들을 위한 정책이 아니라 집을 가진 집주인들에게 이익을 주는 정책을 펼 수밖에 없다는 것을 여러분이 명심했으면 좋겠다.

50

당신의 집은 당신 것인가, 국가 것인가?

여러분한테 한 가지 묻겠다. 당신의 집은 당신 것인가, 국가 것인가? 눈치 빠른 독자들은 질문 속에 답이 있다는 것을 이미 눈치챘을 것이다.

그렇다. 당신의 집은 당신 것이 아니다. 국가가 당신에게 빌려준 것이다. 아니, 자유민주주의 국가에서 이게 무슨 이상한 소리냐고? 맞다. 이상한 말이다. 하지만 여러분의 집은 여러분의 것이 아니다.

당신은 집을 사는 순간부터 팔 때까지 국가에 임대료를 내고 있다. 처음에 빌릴 때 취득세를 내고, 쓰는 동안 재산세를 내고, 다 쓰고 반납할 때에는 양도소득세라는 걸 낸다.

집을 살 때 내고, 갖고 있는 동안에 내고, 팔 때도 내야 하는 세금, 이것은 우리가 국가에 내는 임대료와 다름없지 않은가?

우리가 소유하고 있는 물건 중에 살 때도 세금을 내고 팔 때도 세금을 내는 것이 부동산 말고 또 무엇이 있던가? 그러니 정부에게는 부동산을 소유한 사람들만큼 훌륭한 임대 고객이 없는 것이다.

지금 내가 농담 삼아 이런 이야기를 하는 것이 아니다. 부동산의 가격이 결정되는 데 있어서 수요와 공급만큼 중요한 것이 정부의 부동산 정책이다.

모든 부동산이 정부의 것이라고 생각한다면 정부의 정책에 따라 부동산 시세가 변하리라는 것은 쉽게 판단할 수 있다. 부동산에 관심이 있다면 정부정책에 민감하게 반응해야 한다.

그러므로 정부의 정책이 무엇을 의미하는 것인가부터 잘 판단할 필요가 있다. 정부의 정책만 잘 알고, 그 정책이 부동산에 어떤 영향을 미치는지 판단할 능력까지 있다면 여러분은 부자가 되기에 충분한 자격을 갖추고 있는 것이다.

그래서 난 여러분에게 신문을 많이 보라 말하고 싶고, 최진기 강사님의 동영상 재테크 강의를 추천하고 싶다.

참고로, 난 최진기라는 분을 잘 모르고 최진기 강사님은 아마 세상에 박정수라는 사람이 존재하는지도 모를 것이다.

51
정부는 집값이 떨어지게
절대 그냥 놔두지 않는다

일단 집값은 떨어지면 안 된다. 네이버 부동산 기사에 글을 올리는 댓글러들이 바라는 부동산 폭락은 절대 오면 안 된다. 정부도 마찬가지 바람일 것이고, 이 글을 읽는 여러분에게도 해당되는 말이다.

부동산의 매매가 기준으로 정부는 수많은 세금을 거둬들이고 있다. 그중 하나가 취득세다. 우리가 집을 사면 매매가의 1.1퍼센트를 취득세로 내야 한다. 3억 원 정도의 아파트를 사면 약 330만 원이 세금으로 나온다. 이 세금이 많다고 느껴지는가? 맞다. 우리나라의 부동산 취득세율은 선진국 대비 상당히 높은 편이다.

또한 정부는 매매가 기준으로 재산세를 징수한다. 이 재산세는 오히려 선진국 대비 낮은 편이다. 왜 우리나라는 부동산 취득세율이 높을까?

그 이유는 간단하다. 취득세는 거두기가 쉽기 때문이다. 절대적은 금액이 아니지만 집을 매매할 때 워낙 큰 돈이 오고 가므로 330만 원 정도는 언제 썼는지도 모르게 사라진다. 그만큼 정부 입장에서도 아주 거두기가 편하다. 부동산 매매를 하는 시기는 납세자가 돈이 있을 때이고, 이때 취득세를 거둬버리기 때문에 아주 쉽게 세금을 징수할 수 있다.

이러한 부동산 관련 세금(취득세, 재산세, 양도세)의 총액이 우리나라 근로자 대부분이 내고 있는 근로소득세의 총합보다 크다는 사실을 아는가? 매매가가 떨어진다는 것은 곧 부동산 관련 세금의 총액이 큰 폭으로 줄어든다는 것을 의미한다.

예를 들어, 정부가 거둬들이는 취득세는 [매매가×세율×전체 거래량]과 같다. 매매가가 떨어진다는 것은 거래량의 동반하락을 불러온다. 이는 곧 정부 소득(?)의 엄청난 감소로 이어진다. 정부의 큰 수입원 중 하나인 취득세를 과연 정부가 포기할까? 절대 포기하지 않는다. 정부에게 취득세가 얼마나 큰 세원인데 그걸 포기한단 말인가? 집값이 적어도 물가상승률 수준으로는 올라주어야 하는 수많은 이유 중의 하나가 여기에 있다.

정부가 부동산 가격을 올려야 하는 이유 중 하나가 바로 정부의 세수 확보라는 점을 안다면 여러분도 이젠 생각을 바꿔야 한다. 정부는 부동산 가격이 떨어지지 않도록 열심히 노력할 것이다.

52

그렇다면 아파트 가격은
떨어지지 않는다는 건가?

거듭 말하지만, 거품이 많이 끼어 있는 아파트는 당연히 가격이 떨어질 수밖에 없다. 요즘 대구의 대형 평형의 아파트 가격이 떨어지고 있다는 것이 바로 좋은 예다.

그동안 대구의 중대형 아파트 가격은 미쳤다고 할 정도로 단시간에 가격이 급등했다. 사람들이 혀를 내두를 정도였다. 거품이 아니고서야 이런 현상을 어떻게 설명할 수 있겠는가?

그렇다면 이런 아파트들은 조정을 받아야 하는 게 당연하지 않은가? 비정상이 정상이 되도록 말이다.

내가 투자하라는 아파트는 비정상적인 거품이 없는, 일반 서민들이 거주하는 아파트를 말한다. 이런 아파트는 매매가 대비 전세가 비율도 높고, 매매가도 중산층으로서 충분히 감당할 만한 수준이다. 또 아파트는 가격이 갑자기 떨어지지도 않는다.

전세가가 든든히 받쳐주고 있을뿐더러, 새로운 아파트 공급 물량이 많다고 아무리 신문이나 방송에서 떠들어대도 절대 흔들리지 않는다.

가격이 떨어질 수밖에 없는 아파트가 있는 것이요, 떨어지지 않을 수밖에 없는 아파트가 있는 것이다. **아무리 주변에서 아파트 가격이 떨어지네, 폭락이 오네, 막차를 탔네, 하는 소리가 들려와도 동요하지 마라. 내가 말한 대로 시내 중심지의 매매가 대비 전세가가 높은 아파트를 구입하면 전혀 걱정하지 않아도 된다.**

이런 말을 하면 또 누군가가 증거를 대라고 할지도 모르겠다. 내가 10여 년 동안 아파트 투자를 300여 채 이상 해본 결과가 바로 그 증거다.

아무리 좋은 것을 알려주어도 끝까지 부정하고 의심만 하는 사람이 많다는 것이 나로서는 신기할 따름이다. 하긴 이런 사람이 많은 덕분에 내가 더 빨리 부자가 되었는지도 모른다.

53

일본식 부동산 폭락? 아니면 상승?
도대체 뭐가 정답인가?

몇 년 전부터 우리나라도 일본처럼 부동산이 폭락할 거라는 주장이 거침없이 나오고 있다.

나도 예전에 이런 주장 때문에 내가 살고 있던 전주의 아파트를 팔았던 적이 있다. 분명히 아파트 가격이 폭락한다기에 미친 듯이 빨리 팔았다.

그렇게 팔면서 내 아파트를 사는 사람과 나처럼 아파트를 팔지 않고 갖고 있는 그 사람들을 비웃었다. 저렇게 부동산에 대한 지식이 없으니 나중에 폭락하면 어쩔지 걱정까지 되더라.

하지만 그렇게 집을 팔고 나서 전주의 그 아파트는 2년 동안 1억 원이나 올랐다. 이 얼마나 웃긴 일인가? 1억 원이다. 1천만 원이 아니라 1억 원 말이다. 그것도 서울의 아파트가 아니라 지방의 전주라는 조그마한 도시에서.

나는 그제야 깨달았다. 부동산 폭락론이라는 게 무조건 신뢰할 게 아니라는 것을. 부동산의 폭락론자들은 2013년부터 우리나라 부동산 가격이 크게 떨어질 거라고 계속 줄기차게 외쳐댔다. 하지만 2014년 이후부터 수도권과 지방의 부동산 가격은 계속 올랐고 지금도 계속 오르고 있다.

내가 이 시기부터 구입했던 아파트들의 가격 상승 정도를 보면 정말 놀라서 기절할 정도다. 그런데 그후에도 폭락을 주장하는 사람들은 계속 더 큰 목소리를 내면서 그 주장을 이어나갔다.

난 궁금했다. 그들이 말하는 그 폭락은 도대체 언제 오는 것인지? 아무리 기다려도 그런 날은 오지 않았다. 그리고 난 지금도 기다리고 있다.

물론 거품이 많은 아파트가 왜 우리나라라고 없겠는가? 당연히 존재할 것이고, 그런 아파트는 가격이 떨어질 수밖에 없다. 하지만 우리 같은 보통 사람들이 사는 평균적인 아파트의 가격이 정말 그렇게 폭락할 수 있는 걸까? 글쎄, 난 모르겠다.

우리나라 부동산에 대해 긍정론을 펴는 사람들과 부정론을 펴는 사람들 모두 방대한 자료와 통계를 갖고 자기 주장만이 옳다고 말한다. 양측의 대립은 정말 심하다 싶을 정도다. 그렇다면 우리는 양측 주장 중 어느 편 손을 들어주어야 하는 것인가?

정부는 또 어떻게 생각하고 있을까? 솔직히 우리나라 정부도 우리나라의 부동산이 어떻게 될지 잘 모를 것이다.

부동산 분야를 담당하는 정부 고위 공무원이면 부동산 전문가일 것 같은가? 그 고위 공무원들이 부동산 현장에서 얼마나 오랫동안 많은 부동산을 접해 보았을 것 같은가?

그들은 부동산이 현장이 어떻게 돌아가는지, 그 습성은 어떤지 등을 아는 게 아니라 교과서적으로만 파악하고 생각할 뿐이다. 수학 공식처럼 어떤 것을 집어넣으면 어떤 결과가 나올 거라는 식으로.

대신 정부는 부동산 가격이 떨어지지 않게 하기 위해 여러 가지 방법을 쓰게 될 것이다. 그러나 그런 정책을 펴면서도 부동산 가격이 오른다는 확신도 못할 것이다. 부동산 정책을 맡은 분들이 우리나라 부동산의 흐름을 한 번도 직접 경험해 보지 못했고, 다른 나라들의 예를 통해서 간접 경험만 했을 뿐이니까.

일본 정부도 잃어버린 20년 동안 부동산을 살리려고 얼마나 많은 노력을 했겠는가? 하지만 부동산 가격은 하락만을 거듭했다. 일본의 공무원들이 다 바보들이겠는가? 하지만 그들은 그저 교과서적으로 뛰어난 엘리트들이지 진정한 부동산 전문가가 아닐 것이라는 말이다.

부동산 폭락 논쟁에 대해 내가 정확히 할 수 있는 말이 있다. 우리나라에서 아무리 아파트 가격이 떨어진다 해도 그 아파트의 전세가보다 떨어지지는 않는다.

매매가격이라는 것은 그 아파트의 미래가치이고, 전세가격은 현재의 가치, 즉 현재의 인기 및 수요를 의미하는 것이다. 갑자기 전쟁이 일어나거나 그 지역이 통째로 옮겨 가지 않고서야 어디 그 인기와 수요가 변하기 쉬운가? 그렇기 때문에 그 아파트의 매매가는 전세가보다 떨어질 수가 없다.

예전에 한 신문에서 어느 지역의 아파트의 매매가가 전세가보다 떨어졌다는 기사를 보고 내가 얼마나 웃었는지 모른다. 정말 웃기는 기사 아니겠는가? 그 기사를 올린 기자가 정말 그 지역을 가봤는지 묻고 싶다. 혹시 자신의 어떤 의도를 이루기 위해 그런 기사를 쓴 것은 아니었는지도.

다시 말하지만, 매매가가 전세가보다 떨어지지는 않는다. 내가 이렇게 자신 있게 말하면 어떤 사람들은 내게 그에 대한 증거 또는 자료를 제시하라고 할지 모르겠다.

하지만 부동산은 수학 공식이 아니다. 나는 아파트 투자를 10년 이상 해왔고 수백 채의 아파트를 다른 사람들에게 전세로 임대해주고 있다. 그 경험보다 확고한 지식이 있을까?

여러분은 가지고 있는 아파트 매매가가 절대로 전세가보다 떨어지지 않는다는 것만 알면 된다. 그러면 아무리 일본처럼 우리나라의 부동산 가격이 떨어진다 해도 안심할 수 있지 않겠는가?

매매가 대비 전세가가 높은 아파트는 거품이 거의 없다고 봐도 된다. 그런 아파트 가격은 떨어지기가 쉽지 않다. 하지만 매매가 대비 전세가가 낮은 아파트는 당연히 가격에 어느 정도 거품이 있다는 이야기이고, 당연히 아파트 가격은 떨어지기가 쉽지 않겠는가?

우리나라의 부동산에 대폭락이 있을 거라는 주장에 대해 난 반대다. 내가 아파트 투자를 처음 시작했을 무렵에도 이런 주장들이 있었다. 앞에서 예를 들었듯이, 내가 그 반대론자의 의견을 전적으로 믿고 소유했던 아파트를 팔고 나서 얼마나 큰 기회비용을 잃었던가?

만약 내가 그 이후에도 그들의 주장대로 움직였다면 지금쯤 나는 거주하는 아파트 한 채나 갖고 있을까? 어쩌면 지금도 아파트 가격이 떨어질 거라면서 전세에 살고 있지는 않을까? 그러면서 세상을 원망할 것이다.

우리나라의 아파트 가격은 외국 선진국에 비하면 아직도 낮다고 한다. 또한 선진국 중 유독 일본만 부동산 가격이 하락했지 그 이외의 국가들은 거의 대부분 올랐다고 한다.

서울의 아파트 가격지수도 2008년의 가격을 이제야 되찾은 것을 봤을 때 부동산 폭락론은 나 같은 투자자들의 입장에서는 무척 믿기 어려운 이야기다.

54

인구 절벽과 고령화 때문에
부동산 가격이 하락한다고?

2015년 10월 15일 〈SBS 스페셜〉이라는 프로그램에서는 현재 집을 사야 하는 것인가에 대한 전문가의 논쟁과 일본 및 유럽 국가의 부동산시장에 대해 방영했다.

난 그 프로그램을 유심히 보았다. 아파트를 많이 보유한 사람으로서 무척 관심이 갔다. 단, 우리나라의 부동산 가격이 오르느냐 내리느냐에 대한 전문가의 논쟁은 정말 전혀 관심이 없었다. 그들은 항상 십 년 이상 자기들의 논리가 맞다고 싸워 온 사람들이기 때문에 그 프로그램에서도 또 싸우는 것인가 보다 싶었다.

대신 내 관심을 끈 것은 바로 일본의 부동산시장과 유럽의 부동산시장이라는 주제였다. 일본이나 유럽은 모두 심각한 인구 절벽과 고령화를 겪는 곳이다. 똑같은 사회현상을 겪고 있는 두 지역이지만 부동산 가격 면에서는 서로 반대 양상을 나타냈다. 일본은 부동산 가격이 폭락해왔고, 유럽은 반대로 급격한 상승을 보였다. 여러분은 이 내용을 보면서 어떤 생각이 드는가?

난 부동산에 관심이 많기 때문에 관련된 신문 내용과 책을 많이 본다. 그런데 이상하게 우리나라 부동산의 미래를 말하는 대목에서는 유독 일본의 사례를 들고, 우리가 일본을 따라갈 거라는 견해가 대부분이다.

모든 신문과 모든 부동산 전문가라는 사람들이 모두 하나같이 일본의 예만 든다는 게 이상했다. 왜 다른 나라의 예는 들지 않는 것일까? 왜 미국과 유럽의 예는 들지 않을까? 〈SBS 스페셜〉에서는 바로 그 점을 일부 다루었다.

인구 절벽이라는 문제를 다 같이 갖고 있지만 일본에서만 주택 가격이 떨어졌지 다른 선진국들은 주택 가격이 오히려 올랐다. 부동산의 가격은 인구와 고령화뿐 아니라 여러 경제 상황, 금리, 정부의 정책과 의지, 국민들의 실직소득 등 수많은 변수와 요인에 의해서 결정된다. 그런데 그저 인구 절벽과 고령화 현상만을 보고 앞으로 부동산 가격 추이가 일본을 따라갈 것이라고 예측하는 것은 너무나도 확대 해석하는 것임을 확인했다.

사람들은 인구가 줄고 경제도 침체하면 주택 수요가 떨어질 것이라고 예측한다. 하지만 이러한 논리가 우리나라의 전체 아파트에 적용되는 것일까?

일본의 경우도 잃어버린 20년 동안 주택 가격이 떨어졌다고 우리는 알고 있지만, 2000년대 이후부터 도쿄 시내의 집값이나 임대료는 계속 올랐다고 한다.

실제로 인구가 감소할수록 사람들은 직장이 있고 할 일이 있는 도심으로 몰리는 속성을 갖는다. 인프라와 주변 환경이 이미 구축되어 있고, 직업이 많이 존재하고 배후 인구가 많은 대도심으로 사람이 몰릴 수밖에 없는 것이다.

그러므로 인구가 감소한다는 것이 대도시의 인구 감소를 의미하지는 않는다. 오히려 인구가 감소할수록 대도시의 아파트 가격이나 임대료가 상승하는 것이다. 어쩌면 인구가 감소할수록 부동산의 양극화는 심해질 것이다. 대도심은 더욱 더 발전하고 지방의 소도시는 더욱 더 침체되는 양극화 현상 말이다.

또한 가격이 떨어질 아파트는 그럴 수밖에 없을 것이다. 바로 거품이 많은 아파트가 그렇다. 나의 전작 《부동산 투자 100문 100답》에서도 언급했듯이, 전세가 대비 매매가가 높은 아파트는 실제 수요나 인기에 비해 거품이 많기 때문에 이런 아파트는 당연히 가격이 떨어질 수밖에 없다. 하지만 매매가 대비 전세가가 높은 아파트는 결코 가격이 떨어질 수 없다는 것을 알아야 한다.

게다가 2035년까지 인구는 줄지만 가구수가 증가한다는 점을 생각하면 대형 아파트를 제외한 중소형 아파트에 대한 수요가 이때까

지 계속되지 않을까? 아파트가 수명이 다되어 없애야 하는 소멸까지 감안한다면 아무리 인구가 준다 해도 중소형 아파트의 가격이 그렇게 쉽게 떨어질 수는 없지 않을까?

난 부동산을 연구하는 학자가 아니다. 부동산의 원리를 연구하고 그것을 파헤쳐서 그것이 무슨 공식인 것처럼 이야기해야 하는 사람은 더더욱 아니다. 난 아파트 임대사업을 하는 부자이고, 그 입장에서 말하고자 하는 바는 인구 절벽과 고령화로 인해 가격이 떨어질 아파트가 분명히 존재하지만 오히려 가격이 계속 오르는 아파트도 존재할 거라는 점이다.

40평대 이상의 아파트는 당연히 가격이 떨어질 확률이 높고, 가구 수의 확대와 고령화로 인해 중소형 아파트의 가격이 떨어지지는 않을 것으로 본다. 또한 투자 형태도 아파트 가격 상승만을 목적으로 하는 투자가 아닌 임대 목적의 투자로 바뀌어야 끊임없는 수익 창출이 가능할 것이다.

55

월세 비중이 높아지면서
아파트 가격은 계속 오른다

우리나라에서 전세 제도는 얼마나 오래 유지될 거라 생각하는가? 앞으로도 계속 오래 유지될까? 글쎄, 한 10년 정도는 갈 수 있을까?

그런데 앞으로는 소수 집주인만이 내주는 전세 말고는 거의 모든 아파트가 월세로 임대시장이 개편될 것이다. 그게 바로 시대의 흐름이니까.

사람들은 보통 월세 사는 쪽보다 전세 사는 쪽을 선호한다. 월세에 드는 비용보다 전세로 들어가는 비용이 월등히 적기 때문이다. 요즘은 전세도 자기 돈으로 들어오는 게 아니라 대부분 전세대출을 이용하고 거기서 발생한 전세대출이자를 납입한다. 그 전세대출이자 비용이 월세에 비해 월등히 적으니 당연히 전세를 더 선호할 수밖에 없지 않겠는가?

그런데 시간이 흘러서 전세가 너무나도 희귀하고 월세가 대부분인 시대가 왔을 때, 모든 사람들이 다 월세에만 살 거라 생각하는가? 여러분 같으면 차라리 아파트를 매매하고픈 생각이 들지 않겠는가?

비싼 월세를 집주인에게 주어야 하고, 또한 시간이 지남에 따라 월세가 계속 오를 텐데……. 그 부담을 계속 갖느니 오히려 아파트를 사겠다는 수요가 늘지는 않을지?

나는 전세에서 월세로의 전환이 진행될수록 아파트 가격은 내리기보다 오를 확률이 더 높다고 본다. 사람은 누구나 거주할 곳이 필요하다. 그런데 그곳에 거주하기 위해 비싼 월세를 내야 한다면 당연히 그 부담으로부터 피하고 싶어질 것이고, 그 심리가 집을 구입하려는 행동으로 옮겨지지 않겠는가.

그렇다면 지금 수도권 중심지에 중소형 아파트를 소유하고 있고 전세나 월세로 임대를 해주고 있는 사람은 복덩어리를 갖고 있다고 해도 과언이 아니다.

향후 뉴스테이 때문에 아파트 가격이 오를 확률이 높고, 또한 임대시장이 월세로 전환됨으로 인해 기존 아파트의 가격이 오를 확률이 높다면 이보다 더 좋은 보물이 어디 있겠는가? 다른 사람들에게 임대해줄 아파트를 살 거라면 빨리 사는 게 좋을 거라고 본다.

56

부동산 폭락은 서민에게
집 살 기회를 주는가?

요즘도 수많은 신문 기사와 부동산 전문가라는 사람들의 칼럼에서 부동산 폭락론을 말한다. 네이버 댓글들도 보면 대단하다. 수많은 사람들이 부동산 폭락을 간절히 기원하고 있다. 마치 엄청난 가뭄에 기우제라도 올리는 듯하다.

그렇게 부동산 폭락이 와야 자기들도 집을 마련할 수 있고 서민들에게 더 큰 도움이 된다고 한다. 지금의 이 부동산 가격은 헬조선 현상의 하나라고 한다.

그들의 주장처럼 부동산 폭락이 오면 그 댓글을 단 사람이나 댓글에 엄청난 추천을 눌러준 사람들(아마도 이런 사람들은 현재 무주택자일 가능성이 높다)은 집을 살 수 있을까? 여러분도 한 번쯤 깊이 고민해본 적이 있는가?

폭락이라면 적어도 집값이 4~5퍼센트 빠지길 바라는 것이 아닐 것이다. 아마도 20~30퍼센트 정도는 빠지는 걸 이야기할 것이다. 일단 30퍼센트 정도가 빠져도 여러분이 원하는 위치에 쉽게 살 수 있는 집값은 아니겠지만 한번 30퍼센트 정도 빠지는 상황을 생각해보자.

부동산 가치의 30퍼센트 하락은 부동산 자산의 30퍼센트가 순식간에 사라진다는 의미다. 대출받아 집을 구입한 사람들은 아마도 난리가 나서 집을 팔아버리려고 하겠지만 팔리지 않는다. 그렇게 집값 폭락을 외치던 사람들도 더 떨어질까봐 못 살테니까.

소수의 부자를 제외하고 대부분의 사람들이 소비를 줄인다. 옷도 안 사고 외식도 안 하고, 학원도 줄일 것이다. 말 그대로 국내 소비는 끝장나는 것이다.

소규모 자영업자들과 그들이 고용한 서비스 직군의 사람들은 매출에 큰 타격을 입고 망하거나, 일자리를 잃게 된다. 소비는 더욱 줄어들고, 중소기업 그리고 그들의 협력업체들도 망해가기 시작한다.

건설 경기 또한 비참하게 무너지기 시작한다. 이런 폭락 분위기에 건설회사가 추가 투자를 이어갈 리 없다. 건설업은 다양한 산업 분야 중에서도 국내 고용에 아주 큰 영향을 미치는 분야 중의 하나다. 여기서 또 대량 실업이 발생한다.

당장 여러분의 부모, 친구들의 소득이 줄고, 실업자 신세가 된다. 여러분 중에 부동산 폭락을 바라고 있는 분이 있었다면,

이 상황에 집을 사겠는가?

나 같은 부동산 투자자들이나 자산가들은 이렇게 폭락하는 시기에 조용히 집을 사기 시작한다. 좋은 집들이 아주 싸게 나올 테니 말이다. 그것도 한두 채를 사는 게 아니라 수십 수백 채를 사게 될 것이다. 얼마나 기쁘겠는가? 보물을 완전 떨이 가격으로 살 수 있으니.

우리나라가 망하지 않는 한 언젠가는 집값이 제자리를 찾을 테고, 이는 더욱 크게 벌어지는 빈부 격차의 악순환으로 이어질 것이다.

제발 부동산 폭락을 외치지 마라. 그것은 여러분에게 기회가 아니라 여러분이 부러워하며 미워하는 부자들에게만 아주 좋은 기회를 줄 뿐이다.

그럼 집값이 지금의 가격을 유지하는 게 맞다는 말인가? 굉장히 억울하고 어이없게 들리겠지만 그것이 맞다. 당신은 폭락을 외치기보다는 집을 살 수 있을 만큼 소득을 올리기 위한 방법을 찾거나, 집을 사지 않고도 안정적으로 임대해 살 수 있는 환경이 조성되길 바라는 것이 맞다.

손가락 끝을 다쳐서 굉장히 아프다고 손가락을 잘라버리는 것은 좋은 생각이 아니다. 어떻게든 치료해서 쓸 생각을 해야 한다.

57

베이비부머들이 은퇴하며 집을 판다고?

은퇴한 주택 보유자가 집을 다 팔고 집값은 폭락한다? 이 역시 앞에서 언급한 부동산 폭락론자의 주장이다. 그 부동산 전문가와 반대로 나는 은퇴한 노년층의 상당수는 부동산 투자자가 될 수 있다고 생각한다.

집만 있는 하우스 푸어라면 주택연금을 이용하기 위해서라도 살고 있는 집을 팔지 않을 것이고, 주택과 금융자산을 보유한 여유 있는 노년층이라면 금융자산의 일정 부분을 부동산 임대업에 투자할 수도 있을 것이다.

내가 만나본 수많은 젊은이들은 상가 보유를 통한 꾸준한 임대소득 만들기를 장래 목표로 삼고 있다. 노년층은 왜 그런 생각을 못 하겠는가? 부동산에 대한 경험이 많은 노년층이 지금 같은 턱없이 낮은 저금리 시대에 그냥 은행에서 1퍼센트대의 이자나 받으며 돈을 썩힐 것 같은가? 절대 아니다. 부동산에 투자하여 조금이라도 은행보다 높은 월세 소득을 거두려고 할 것이다.

은퇴한 노년층이 직접 임대주택을 관리하기는 힘들어도, 요즘 저렴한 비용에 임대주택을 관리해주는 기업형 임대관리 회사들이 점점 성장하고 있다. 선진국에서는 이미 많은 임대관리 회사들이 대기업 수준의 매출을 올리고 있다.

임대관리 회사를 통해 공실률을 0퍼센트화하고(특정 계약을 맺으면 임대관리 회사가 모든 공실 리스크를 책임진다.) 은행 이자 이상의 소득을 거둘 수 있다면 어떨까? 당연히 부동산에 투자하지 않겠는가?

보통 우리들이 살면서 '위험'이라는 단어만큼 귀에 잘 들어오는 말도 없다. 리스크를 피하려는 것은 인간의 본능이기 때문이다. 본능대로만 움직이면 말 그대로 본능 수준의 삶을 살게 된다. 군중 심리가 작동하기 쉬운 미디어나 매체에 실린 이야기에 대해 한 번씩 의심을 가져보길 바란다. 세상엔 수많은 시각이 존재한다.

58

2018년 부동산 폭락?
드디어 당신에게도 집 살 기회가?

2018년에 부동산이 폭락한다고 한다. 난리가 아니다. 심지어 자기 집을 팔고 그 집에 세입자로 들어가기도 한다. 놀라운 일이다.

2017년~2018년 70만 가구 입주 '소화불량 우려'
〈리서치센터〉 2016. 6. 1.

2018년 부동산 위기론 왜죠?
〈노컷뉴스〉 2015. 10. 2..

수많은 기사에서 2018년에 대해 이야기하고, 몇몇 부동산 전문가들은 2018년에 부동산 폭락이 올 것이라고 예상한다. 이에 수많은 주택 매수 대기자들은 집을 구입하려던 시기를 2018년 뒤로 미루고 있다.

영화 〈올드 보이〉에 이런 대사가 나온다.

"당신의 진짜 실수는 대답을 못 찾은 게 아냐. 자꾸 틀린 질문만 하니까 맞는 대답이 나올 리가 없잖아."

우리도 '2018년에 부동산 폭락이 올까?'라는 질문을 바꿔볼 필요가 있다.

우선 이런 생각부터 해보자. 여러분은 돈만 있으면 짓고 싶은 건물을 마음대로 지을 수 있나? 물론 아니다. 정부의 허가를 받지 않으면 건물을 지을 수 없다. 이것은 개인이든 기업이든 마찬가지다. 그렇다면 2018년 입주 물량도 정부가 그만큼 허락을 해주었기 때문에 공급이 가능할 것이고, 정부는 이미 그것을 인지하고 있다.

그렇다면 과연 정부는 부동산이 폭락할 정도로 많은 입주 물량이 공급되도록 했을까? 심지어 부동산 가치가 2/3 수준으로 폭락한다는 부동산 전문가의 주장이 힘을 받기까지 하는 상황인데 말이다. 진짜 폭락하면 어쩌려고?

그럼 이제 몇 가지 사실을 확인하고 그것을 조립해보자.

❶ 2010년 공공택지 공급량 감소

정부는 2010년부터 공공택지 공급량을 급격하게 줄였다. 이것은 더 이상 신도시 개발 등을 통한 주택 공급을 하지 않고 구도심을 재개발 또는 재건축하겠다는 의미다.

❷ 2014년 9.1 부동산 대책

2014년 9월 정부는 9.1 부동산 대책을 통해 기존 아파트의 재건축 연한을 최대 40년에서 30년으로 급격하게 줄였다. 이를 통해 정부는 아파트 재건축 시기를 10년 앞당겼다. 그 재건축 아파트 물량이 2016년부터 크게 상승하기 시작하여 2021년부터는 최대 물량에 진입할 것으로 보인다.

9.1 부동산 대책을 적용한 연평균 재건축 대상 도래 규모 추이

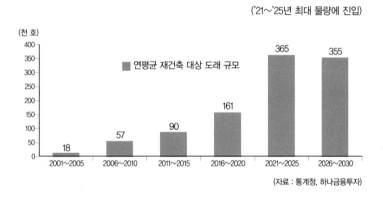

('21~'25년 최대 물량에 진입)

(자료 : 통계청, 하나금융투자)

❸ 2015년 〈민간임대주택에 관한 특별법〉 시행

2015년 12월 29일부터 시행된 〈민간임대주택에 관한 특별법〉에 따라 기업형 임대주택(뉴스테이) 공급촉진지구로 지정된 곳에서는 인허가 절차 단축, 취득세·재산세·법인세 감면 등의 혜택을 받을 수 있다. 정부는 〈민간임대주택에 관한 특별법〉을 통해 재건축, 재개발 시장에 활기를 불어넣기 시작했다.

위와 같은 사항은 2010년부터 지금까지 정부가 꾸준히 준비해온 뉴스테이 정책의 준비부터 발표까지의 과정이다.

결론부터 이야기하면, 2018년은 부동산 폭락이 오는 시점이 아니라 사상 최대 규모의 재건축 및 재개발이 시작되는 시점이다.

정부는 택지 공급량을 기존의 10퍼센트 수준으로 줄임으로써 2018년 이후 일반 분양 물량이 점차 줄어들도록 했으며, 재건축 연한을 10년 앞당김으로써 2018년 이후 역사상 최대의 아파트 공급이 있었던 1기 신도시의 아파트들이 재건축에 들어갈 수 있도록 만들어주었다. 또한 그 속도를 높이기 위해 2015년에 〈민간임대주택에 관한 특별법〉을 시행했다.

2018년 입주 물량은 54만 호 정도가 된다. 2020년부터 재건축으로 사라지는 아파트가 매년 36만 호이고, 그 재건축이 향후 매년 35만 호 이상 10년 동안 지속된다.

자, 그럼 이제 앞의 '2018년에 부동산 폭락이 올까?'라는 질문을 바꿔보자.

'당신은 2018년 54만 호에 집중해서 집은 사지 않고 2018년 대폭락을 기다릴 것인가? 아니면 10년 동안 매년 사라지는 재건축 물량에 집중해서 2018년 이후를 준비할 것인가?'

이렇게 쉬운 질문도 다 있나? 참고로 재개발 물량은 서울 및 수도권에 300만 채 이상이 대기 중이다.

2018년이 걱정되어 많은 집주인들이 집을 조금씩 팔고 있다. 이 집들은 누가 살까?

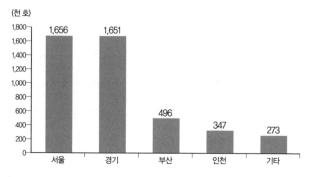

재개발 지역별 규모

(천 호)

(자료 : 통계청, 하나금융투자)

2018년 이후 집값이 폭락하고 나면 사려고 지금 집을 안 사고 버티는 사람들이 막상 그때 예상 밖으로 집값이 오르기 시작하면 어떤 행동을 취할까?

59

가계부채 폭탄?
도대체 언제 터지는데?

가계부채 때문에 요즘 난리다. 가계부채가 늘어나는데 요즘 분양 시장 및 강남이 좀 활기를 띠다 보니 그 화살이 전부 부동산으로 몰리고 있다.

"정부는 가계부채로 만든 폭탄을 돌리고 있다. 가계부채는 언젠가 터질 것이며, 미국이 금리를 올리기 시작하면 가계부채 폭탄이 터지고 부동산은 폭락할 것이다."

굉장히 설득력 있는 말이다. 고백하자면 나도 한때는 이 말을 믿었다. 그러나 이 주장이 설득력을 가지려면 하나의 전제가 뒷받침되어야 한다.

"우리나라 부동산은 폭등하고 있으며, 그 폭등은 가계부채로 이루어진 거품이어야 한다."

이 전제가 옳아야 가계부채 폭탄설에 의미가 있다. 그럼 일단 우리나라 부동산이 과연 폭등하고 있는지 살펴보자.

1990년부터 2016년 1분기까지 전 세계 집값의 추이

(1990년 각 나라의 집값 = 100)

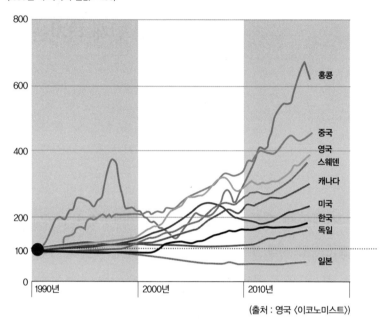

(출처 : 영국 〈이코노미스트〉)

위 그래프는 1990년부터 2016년 1분기까지 전 세계 집값의
추이를 나타낸 영국 〈이코노미스트〉에 실린 자료다.

1990년의 각 나라 집값을 100이라고 가정했을 때 집값의 변
화를 나타낸다. 우리나라는 일본과 독일을 제외하고 전 세계 하위
권 수준의 집값 상승률을 보이고 있다. 또한 최근에 와서 상승률이
가파르지도 않다.

일단 평균 집값 상승률이 주요국들 대비해서 낮은 수준이라

는 것을 확인할 수 있다. 그럼 이제 가계부채가 진짜 부동산에 투입되고 있는지 확인해보자.

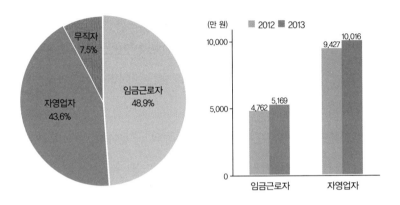

종사상 지위별 가계부채 비중(2013)

무직자 7.5%
임금근로자 48.9%
자영업자 43.6%

종사상 지위별 가구당 가계부채

(만 원) ■ 2012 ■ 2013

	임금근로자	자영업자
2012	4,762	9,427
2013	5,169	10,016

＊자료 : 현대경제연구원이 통계청 마이크로데이터 〈가계금융복지조사〉를 이용하여 추산

2012~2013년 가계부채 증가 원인

(단위: %)

	임금근로자	자영업자		
			고용주	자영자
부동산 구입	20.9	11.2	16.1	9.6
사업자금	3.1	23.6	29.8	21.6
생활비	35.7	31.1	24.3	33.2
교육비	26.4	13.9	9.0	15.5
부채 상환	7.0	14.6	16.8	13.9
기타	6.8	5.7	3.9	6.2

＊자료 : 현대경제연구원이 통계청 마이크로데이터 〈가계금융복지조사〉를 이용하여 추산

첫 번째 데이터는 대부분의 부채가 임금근로자가 아닌 자영업자들에게서 발생하고 있다는 것을 보여준다. 두 번째 데이터는 그 가계부채 또한 부동산에 투입되는 것이 아니라, 사업자금 및 생활비로 들어가는 비중이 월등하게 높음을 알 수 있다.

길게 이야기할 것 없이, **우리나라 부동산은 고공 행진을 하고 있지 않다(일부 지역 제외). 또한 가계부채가 부동산에 별로 투입되지도 않았다. 그러므로 가계부채가 부동산을 터뜨릴 뇌관이라는 데 동의할 수 없다.**

가계부채의 시사점은 부동산 폭등의 근원이 아니라 최근 들어 경기가 안 좋아지고 있다는 신호로 볼 수 있다. 많은 근로자들이 영세 자영업자가 되고 있으며, 그들이 사업자금 및 생활비를 위해 많은 대출을 받고 있다는 걸 알 수 있다.

60

아직도 부동산 매매 차익을 노리는가?

집을 가진 사람이 성공할 수밖에 없다. 아무리 뉴스테이 정책이 있고, 재개발·재건축을 한들 예전 부동산 성장기처럼 아파트 가격이 폭등할 것 같은가? 지금 같은 저성장의 시대, 임금이 많이 오르지 않는 시대, 인구가 점점 줄어드는 시대에 그저 아파트 가격이 폭등한다는 것은 말이 되지 않는다.

대신 거품이 없는 아파트는 물가가 오르는 만큼 동반해서 같이 오를 것이라는 게 나의 생각이다. 전세가가 오르면서 매매가를 올릴 수도 있을 것이요, 폭락은 없지만 폭등도 없을 것이다. 대신 물가 상승만큼 완만하게 따라 오를 것이다.

난 매매를 통해 수익을 얻는 아파트 투자는 이제 끝났다고 본다. 따라서 임대를 통한 수익을 얻는 방향으로 여러분의 투자 마인드도 바뀌어야 한다.

아직도 아파트 프리미엄에 연연해 투자하는 사람들이 많다. 하지만 이거 솔직히 얼마나 불안한가? 아파트 프리미엄이라는 것은 한순간의 물거품일 수 있다. 금리가 오른다거나 정부의 정책이 언제 어떻게 바뀔지 모르니 수천만 원의 프리미엄은 단번에 무너질 수 있는 것이다.

이런 프리미엄을 보고 조마조마한 마음으로 투자하는 사람을 보면 나조차 불안해진다. 부동산 투자는 그렇게 불안하게 하는 게 아니라 안전하게 해야 한다. 두 다리 쭉 뻗고 웃으면서 투자할 방법이 있다면 그게 최고가 아닌가?

그게 뭐냐고? 내가 말하는 조건의 전세가율 85퍼센트 이상인 아파트를 전세 끼고 사놓으면 된다. 단연 그게 최고다.

전세가가 안 오를까 걱정이다? 수백 채의 아파트를 임대해주고 있는 나는 전세가가 오르는 것을 보고 숨이 막힐 것 같은 때가 한두 번이 아니었다. 월세는 어떤가? 우리나라라고 선진국처럼 월세가 안 오를 것 같은가?

임대 목적으로 아파트 투자를 해야 한다. 처음에는 무조건 전세 끼고 아파트를 사놓아야 한다. 그리고 챗수를 늘려야 한다. 그러고 나서 그중 몇 채는 월세로 전환하든 말든, 그거야 여러분 마음대로 하면 된다.

하지만 집 한 채만 갖고 만족하는 바보는 되지 말자. 아직도 자기 사는 집의 가격이 올랐다고 좋아하는 바보들을 보면 정말 헛웃음만 나온다. 이런 자본주의의 바보들은 우리 주변에

흔하다. 제발 이런 바보는 되지 말자.

남에게 임대해주는 아파트가 많아야 진정한 부자가 된다. 절대 매매 차익을 목적으로 아파트를 구입할 생각은 하지 말자.

참고로, 일본이 잃어버린 20년 동안 도쿄 주변의 집값이 폭락했지만 도쿄 시내 중심지의 소형 부동산 임대료는 계속 올랐다. 이건 무엇을 의미하는 걸까?

또 미국의 서브프라임(sub-prime) 위기 때에도 외곽 주택단지가 압류당하는 경우가 많았고 가격은 폭락했지만 대도심 임대 아파트의 임대료가 폭등했다는 걸 아는 분이 얼마나 있을까?

미국의 외곽 주택단지에 살던 사람들은 집도 잃고 직업도 잃었다. 신용 불량으로 돈은 없고, 부양해야 할 가족은 있었다. 우선 돈을 벌어야 하는 이들은 당연히 대도심으로 이동하게 되었고, 그곳에서 임차를 할 수밖에 없었던 것이 대도심 임대 아파트 임대료 폭등의 원인이었다고 한다.

아무리 경제가 힘들고 어렵다 해도 임대가가 상승했다는 사실, 주택임대시장이 홀로 성장했다는 사실만으로도 의미하는 바가 클 것이다. 여러분도 한번 잘 생각해 보시기 바란다.

61

뉴스테이 정책,
기업이 집을 다 가져간다

　뉴스테이 정책이 무엇인지 아는가? 몇 개월 전까지만
해도 난 제대로 알지 못했다. 그냥 새로운 부동산 정책이겠지
싶었다. 그런데 시간이 지날수록 뉴스와 신문에 자주 나오기
에 알아보니, 이 정책은 사실 우리나라 부동산시장을 완전히 뒤바
꿔놓을 폭탄과 같은 것이다.

　뉴스테이 정책이란 간단히 말해서, 대기업들 또는 거대한 금
융회사들이 기업형 임대주택을 지어 규모가 큰 임대사업을 하
겠다는 말이다.

　새로운 아파트 단지를 지을 때 아예 통째로 임대사업성 아
파트를 짓는다든지, 아니면 현재 2000~3000세대에 달하는 도
심 재개발·재건축 아파트를 단지째 구입해서 모두 일반인들에
게 임대해주는 거대한 사업을 하겠다는 것이 주된 내용이다.

그런데 여기에서 우리가 눈여겨봐야 할 내용이 몇 가지 있다.

첫째, 정부는 재개발·재건축 연한을 준공 후 40년에서 30년으로 변경했다.

여기에는 재개발·재건축할 수 있는 아파트를 늘려서 구도심을 살리겠다는 의도가 있을 것이다. 또한 재개발·재건축에 뉴스테이를 적용시켜 새로운 임대아파트 단지를 쉽게 만들 수 있게 대기업이나 금융회사를 도와주는 결과가 되지 않겠는가?

새로운 신도시를 개발하는 것보다 구도심에는 이미 각종 생활 인프라가 다 마련되어 있기 때문에 구도심의 재개발·재건축이 비용 면에서 훨씬 적게 들 것이고, 뉴스테이를 통해 주택 공급이 확대되면 정부가 거둬들일 수 있는 세금도 늘어날 것이다.

둘째, 정부는 위례·동탄·세종 신도시 발표 이후 더 이상의 신도시 개발은 없다고 밝히고 기존의 도시를 활성화시키겠다고 했다.

셋째, 아파트를 지을 수 있는 택지 공급도 대폭 축소한다고 했다. (2013. 12. 30. 국토교통부 발표 〈장기주택종합계획〉 중 '수요에 맞게 도심 위주로 공급하고, 신규 공공 택지 개발은 최소화')

정부는 왜 이렇게 갑자기 무모하다 할 만한 정책을 펼치려 하는 것일까? 물론 인구가 감소할 것을 예상해 미리 예방 차원에서 이런 정책을 펼치는 것일 수도 있다. 일본 신도시 개발의 실패와 같은 전철을 밟지 않기 위해서일 수도 있다. 그로 인해 구도심의 재개발·재건축을 통해서 구도심을 살리고 싶은 의욕이 강한 것일 수도 있다.

하지만 그 때문에 정부가 뉴스테이 정책을 강하게 밀어붙이려는 것은 아닐까? 뉴스테이 사업이 많은 기업의 참여로 활성화되어야 구도심을 쉽게 재생시킬 수 있을 테니까 말이다.

이렇게 정부가 원하는 대로 진행된다면 여러분에게 어떤 일이 발생할 것 같은가? 그것을 알아야 미리 대처할 수 있지 않겠는가?

먼저 정부는 구도심의 재개발·재건축을 활성화하기 위한 노력을 다할 것이다. 수많은 아파트들이 재개발·재건축 아파트 단지에 적용되어 **이 사업이 시작된다면 필연적으로 수많은 전월세 난민들이 발생하지 않겠는가? 그렇다면 임대시장은? 또 한 번 폭풍우가 몰아치듯 전월세 임대료의 상승이 일어날 것이 뻔하다.** 임대시장이 갑자기 불안해질 거라는 말이다.

또한 재개발·재건축 단지에 포함되는 아파트 가격들도 갑자기 많이 오를 것이다. 지금까지는 준공 후 40년이 지나야 재개발·재건축이 가능했지만 이제 30년만 지나도 가능하기 때문에 많은 아파트들이 이 사업에 적용을 받을 수 있게 되었고, 그럼으로 인해 **재개발·재건축이 가능해진 아파트들의 매매가가 오를 것도 확실해진다.**

실제로 내가 살고 있는 곳에서 가까운 구로구의 어떤 아파트가 한두 달 사이에 갑자기 매매가가 수천만 원 오르기에 알아봤더니 몇 달 후부터 재건축 적용을 받을 수 있는 호재 때문이었다.

게다가 지금까지는 재개발·재건축된 아파트를 일반에게 분양했지만 뉴스테이 이후에는 일반 분양도 크게 줄어들 것이다. 재개발·재건축 단지가 조합과 기업 간 매매 계약을 통해 수천 세대 통째로 일반 분양 없이 기업에게 이전되기 때문이다. 그렇다면 앞으로 여러분이 아파트를 사기가 더욱 어려워질 것 같지 않은가?

내가 주장하는 바는 여러분이 거주할 아파트를 빨리 사라는 게 아니다. 그런 이야기야 아무나 다 할 수가 있다. 진정 부동산 투자자로서 내가 여러분에게 하고 싶은 말은 하루라도 빨리 임대용 중소형 아파트를 많이 구입하라는 것이다.

어떤 아파트를 사야 하는지는 이미 《부동산 투자 100문 100답》에서 수없이 말했다. 수도권의 시내 중심지에 위치한 중소형 아파트, 그리고 그 아파트의 매매가 대비 전세가가 85퍼센트 이상인 아파트라면 무조건 구입해야 한다. 그것도 한 채가 아니라 가능한 한 많이 많이 구입해라.

뉴스테이 정책을 살펴보고 또 살펴봐도 내 결론은 같다. 아파트를 갖고 있는 사람들에게 엄청난 혜택이 올 수밖에 없다는 것이다.

아파트를 갖고 있으면

① 재개발·재건축의 대상이 될 수 있어서 좋고,

② 뉴스테이 정책에 적용될 수 있어서 좋고,

③ 재개발·재건축 대상이 늦어지더라도 임대료가 높게 올라

서 좋다.

아무리 생각해도 기존의 아파트를 갖고 있는 사람에게 안좋은 점이라고는 도저히 찾을 수가 없다. 단, 그때까지 아파트를 갖지 못한 사람들에겐 더 힘든 나날이 계속될 것 같다.

뉴스테이라는 것이 일반인들이 임대를 주는 게 아니라 기업들이 임대를 주는 것이기 때문에 처음 임대료가 상당히 높을 것이다. 매년 임대료를 5퍼센트 이상 못 올린다는 규정이 있으니 이익을 내려면 처음 임대료를 높게 책정할 수밖에 없지 않겠는가? 게다가 재개발·재건축 그리고 뉴스테이 이후에 아파트를 구입하려면 크게 오른 가격에 구입할 수밖에 없을 것이다.

그럼 정부가 뉴스테이로 인해 얻는 이익은 무엇인가? 그동안 민간 임대시장에서 받기 힘들었던 세금을 너무나도 쉽게 기업형 임대주택을 통해 걷을 수 있어 좋을 것이다. 게다가 구도심을 활성화시킬 수 있고, 구도심의 아파트 가격을 올릴 수도 있으니 1석 3조가 되는 것이다.

신도시를 만드는 것과는 달리 큰 자본을 들이지 않고 구도심을 살릴 수 있고, 일본처럼 주택 가격이 폭락하는 것도 막을 수 있으니 정부로서는 얼마나 좋겠는가?

기업도 이익이긴 마찬가지다. 수없이 많은 아파트에서 월세로 임대료를 받으면 얼마나 큰 수익이겠는가? 게다가 기업은 정부가 해야 할 임대주택 공급을 대신 해주게 되니 정부로부터 일정 부분 인센티브를 받을 것이다.

따라서 뉴스테이는 정부와 기업 양쪽이 모두 좋아할 수밖에 없는 사업임에 분명하다. 하지만 집 없는 여러분을 힘들게 만들 치명적 무기 같은 것임을 알아야 한다.

제발 부탁이다. 뉴스테이가 확산되기 전에, 재개발·재건축이 확산되기 전에 하루라도 빨리 아파트를 사놓아야 한다. 한 채가 아니라 여러 채를 말이다. 그게 여러분이 지금, 대한민국 부동산시장에서 살아남는 방법이다.

알면 힘이요, 모르면 당하게 되어 있다. 여러분은 계속 당하고만 살 것인가?

62

뉴스테이 정책이 서민을 위한 거라고?

국토부에서는 뉴스테이 정책을 발표하며 중산층의 주
거 안정이 최우선 과제이므로 이를 해소하고자 추진한다고 했
다. 서민들이 2년마다 치솟는 전세가를 감당하지 못해 원치
않는 이사를 다니는 일이 없도록 서민들의 주거 안정에 힘쓰
는 거라고도 했다.

과연 그럴까? 뉴스테이 정책이 진짜 서민층의 주거 안정을
위한 것인가?

앞에서 이야기했듯이, **뉴스테이는 개인이 집을 소유하는 게 아**
니라 기업이 집을 소유하고 개인은 기업에게 빌려서 집에 거주하는
시스템이다.

말은 2년마다 거주지를 옮겨 다니기 힘들 테니, 8년 동안 매
년 5퍼센트의 임대료만 내고 마음 편히 거주하면서 삶의 안정

을 누리라고 한다. 그렇다면 매월 내는 임대료가 얼마나 되는지 한번 살펴보자.

입주자 모집 끝낸 뉴스테이 임대료

뉴스테이	위치	대표적 공급유형 (전용면적)	대표적 임대료 유형	순수월세형 임대료	부담 가능한 계층 (가처분 소득의 20%, 순수월세형 임대료 기준)
동탄 레이크자 이더 테라스	경기도 화성시 동탄2 신도시	96m²	보증금 2억 9,000만 원 월 46만 원(최저가)	월 162만 원	10분위
신동탄 롯데캐슬	경기도 화성시 반월동	59m²	보증금 5,000만 원 월 60만 3,000원	월 80만 3,000원	8분위 이상
e-편한세상 테라스 위례	경기도 성남시 수성구	84m²	보증금 4억 5,400만 원 월 40만 원	월 229만 1,666원	10분위
동탄 행복마을 푸르지오	경기도 화성시 동탄면	59m²	보증금 5,000만 원 월 66만 8,000원	월 87만 6,333원	8분위 이상
수원 권선 꿈에그린	경기도 수원시 권선구	84m²	보증금 9,790만 원 월 58만 1,000원	월 100만 5,233원	9분위 이상
e-편한세상 도화	인천시 남구 도화동	84m²	보증금 6,500만 원 월 55만 5,000원	월 84만 7,500원	8분위 이상
동탄2 롯데캐슬	경기도 화성시 동탄2 신도시	74m²	보증금 5,000만 원 월 69만 원	월 89만 원	8분위 이상

〈〈한겨레신문〉, 2016. 9. 21.〉

2016년 10월 현재, 그동안 가장 높은 청약율을 보인 GS건설이 경기도 화성에 분양한 〈동탄 레이크자이 더 테라스〉의 경우 일반 아파트와 달리 각 집마다 조그마한 정원 같은 테라스를 구성하여 평균 26.3대 1의 청약경쟁률을 기록했다. 임대료는 96m² 아파트가 보증금 2억 9,000만 원에 월세 46만 원(최저).

인천 남구 〈e-편한세상 도화〉의 경우는 84m² 아파트가 보증금 6,500만 원에 월세 55만 5,000원이다.

이미 2016년 서울의 전세상승률이 15퍼센트를 넘어가고 있고, 한국감정원 2016년 9월 기준 전체 아파트의 평균 월세가

서울 도심권 112만 6,000원, 수도권이 74만 9,000원이라고 하면 괜찮은 금액이 아닌가 생각할 수도 있다.

그렇다면 보증금에 월세전환율을 고려하여 순수임대료로 책정한다면, 금액이 얼마나 될까?

〈동탄 레이크자이 더 테라스〉 96m²의 경우 순수월세형 임대료는 월세전환율로 계산하면 대략 160만 원 수준이고, 〈e-편한세상 도화〉 84m²의 경우 순수월세형으로 84만 7,500원이다.

통계청 자료에 따르면, 전국 가구의 소득 대비 임대료 비율(RIR)은 2010년 19.9퍼센트에서 2015년 22.5퍼센트로 상승했다.

정부에서는 적정 주거비율을 소득의 20퍼센트 정도로 산정하고 있다. 이 비율은 저소득층으로 갈수록 높게 나타난다. 소득은 더 적은데 주거비 지출은 일정 금액으로 정해져 있으니 주거비율이 더 높아지는 것이다.

20퍼센트의 적정 주거비율을 고려했을 때, 현재 뉴스테이로 분양되고 있는 아파트들의 평균 분양가와 월세를 감당할 수 있는 소득층을 본다면, 소득 8분위에서 10분위에 있는 고소득층이 겨우 감당할 수 있는 수준이다.

정부는 뉴스테이의 높은 임대료를 낮추기가 쉽지 않아 보인다. 왜냐하면 임대료 상승분을 5퍼센트로 규제해 놓았기 때문에 건설회사의 입장에서는 당연히 초반에 높은 임대료를 책정할 수밖에 없다.

소득분위	가처분 소득	적정 주거비 (소득의 20%)
1분위 (하위 10%)	89만 7,600원	17만 9,500원
2분위	166만 3,400원	33만 2,700원
3분위	221만 9,600원	44만 3,900원
4분위	269만 2,800원	53만 8,600원
5분위	308만 2,700원	61만 6,500원
6분위	352만 2,900원	70만 4,600원
7분위	399만 8,800원	79만 9,800원
8분위	450만 6,400원	90만 1,300원
9분위	537만 5,100원	107만 5,000원
10분위 (상위 10%)	765만 9,100원	153만 1,800원

**임대료 확정된
뉴스테이 월세 규모**
(순수월세형 임대료 기준) 80만 3,000원~229만 1,700원

중산층의 주거 안정을 위하여 시작한 뉴스테이가 이대로 간다면 높은 임대료를 감당하기 어려운 사람들에게는 그림의 떡일 것이다. 게다가 뉴스테이로 높아진 임대료 때문에 부근의 아파트값은 당연히 상승할 것으로 보인다. 지금까지 신규 분양되고 나면 그 주변의 아파트값이 동반 상승했듯이 말이다.

기업이 자신의 이익을 놔두고 고객의 입장을 봐줄 리는 전혀 없다. 그렇다면 뉴스테이 입주자는 기본 임대 기간이 만료되는 8년 뒤, 높은 금액으로 재계약을 해야 할 수도 있다. 현재 상황으로는 분양으로 돌릴 수도 있는데, 만약 그때 계속 임대료를 내느니 그냥 살던 집에 살고 싶어서 분양을 받으면 이미 더 오른 가격으로 집을 사야 할지도 모른다.

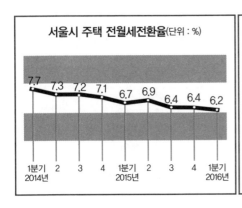

서울시 주택 전월세전환율(단위 : %)

7.7 7.3 7.2 7.1 6.7 6.9 6.4 6.4 6.2

1분기
2014년 2 3 4 1분기
2015년 2 3 4 1분기
2016년

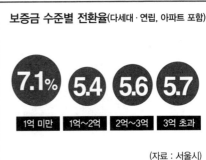

보증금 수준별 전환율(다세대 · 연립, 아파트 포함)

7.1% 5.4 5.6 5.7

1억 미만 1억~2억 2억~3억 3억 초과

(자료 : 서울시)

지금은 아파트를 일반 개인이 분양받는 게 당연하지만, 앞으로는 개인이 분양받을 수 있는 기회마저 박탈될 가능성이 많으므로, 만약 허리띠를 졸라매서라도 아파트를 살 수 있다면, 주택 매수를 적극 권하고 싶다.

■ 상위 3개구

도봉구 6.5 노원구 6.4
강북구 6.4
은평구 6.1 중랑구 6.0
서대문구 6.7 종로구 6.8 동대문구 6.8
강서구 5.9 마포구 6.5 중구 6.7 성동구 6.6 강동구 5.7
용산구 6.8 광진구 5.7
양천구 5.5 영등포구 6.1 강남구 6.2 송파구 5.7
구로구 6.0 동작구 6.3
금천구 6.2 관악구 6.2 서초구 5.8

자치구별 전환율(단위 : %)

뉴스테이 정책은 중산층을 위한 정책이라기보다 임대시장의 패러다임 변화일 뿐이다. 집 없는 중산층들은 괜히 빚내서 집 사놓고 힘들어하지 말고, 그냥 기업형 임대주택에서 소유도 포기하고, 마음 편히 빌려 쓰는 삶을 살라는 것과 다름없다.

63

뉴스테이의 5퍼센트 규제는
언제까지 계속될 것인가?

전세는 세계에서 유일하게 우리나라에만 있는 부동산 임대 제도다. 전세 제도는 집주인의 입장에서 보면 가장 저렴한, 이자 내지 않는 사금융이다. 그럼 어째서 이렇게 저렴한 사금융의 전세가 월세로 변화되고 있는 걸까?

예전에는 집주인이 전세를 주면, 전세 보증금에 대한 이자는 세입자가 내고 집주인은 전세를 통해 새로운 이익을 창출했다.

만약 1억 원을 10퍼센트의 금리로 은행에 맡기면 1년에 1,000만 원이라는 이윤이 창출되는 것이다. 그럼 월 83만 5,000원 정도의 이자가 나오는 셈이다. (예전에는 은행금리가 15퍼센트까지 올라간 적이 있다. TV 드라마 〈응답하라 1988〉에서 나왔듯이, IMF였던 1998년에도 15퍼센트까지 올라갔었다.)

그런데 2016년 10월 기준 한국은행 기준금리가 1.25퍼센트다.

물론 기준금리가 그렇다는 거고, 은행에 가면 금리가 조금 더 나오겠지만, 최대 1.8퍼센트 정도 된다.

집주인 입장에서 1억 원의 전세금을 받아 1.8퍼센트 금리로 은행에 저축을 하면 연 180만 원의 이자가 나오고, 월 수익은 15만 원이다. 수익이 이렇게나 줄었으니, 집주인은 당연히 더 나은 투자처가 필요하게 된 거고, 그래서 등장한 것이 월세다.

이제 전세가 월세로 전환될 때의 변화를 살펴보자. 전세에서 월세로 전환되는 것을 전월세 전환이라고 하고, 2016년 1분기의 월세전환율은 6.2퍼센트였다.

1억 원의 전세금을 월세로 전환하면, 1년에 620만 원의 이자가 생기고, 월세는 51만 원 정도 나온다. <u>전세보다 월세가 더 높으니 집주인 입장에서는 당연히 월세로 전환하려 할 것이다. 월세가 이렇게나 많은 수익을 주는데, 월세전환율이 더 낮아야 된다고 생각하는 집주인이 과연 있을까?</u>

그렇다면 한번 다른 측면을 보자. 사람들은 보통 아파트를 살 때 100퍼센트 현금으로 구입하지 않는다. 대부분 대출을 안고 산다.

예를 들어, 4억 원의 아파트를 살 때 50퍼센트 대출을 받아서 2억 원을 대출했다고 가정해보자. 2억 원은 대출금리를 적용하면 1퍼센트 정도 더 나오니, 약 2.8퍼센트 정도의 <u>대출금리를 감당해야 하고, 집 살 때 냈던 취득세와 매년 내는 재산세, 집의 노후로 인해 생기는 관리비까지 고려하면 월세전환율이 왜 금리보</u>

다 높은지 이해할 수 있을 것이다.

'월세전환율이 2014년 1분기에 7.7퍼센트에서 2016년 현재 6.2퍼센트로 낮아졌으니, 혹시 앞으로 더 많이 낮아지지 않을까?' 하는 생각이 들지 모르겠다. 하지만 아마 5퍼센트 정도가 최저선이 아닐까 한다.

만약 계속되는 저금리 기조 때문에 금리가 더 인하된다면 월세전환율이 더 낮아질 수도 있지만, 미국이 금리를 올리겠다고 계속 얘기하고 있으니(물론 급격하게 올리진 못하겠지만) 앞으로 우리나라도 금리를 계속 낮출 수만은 없을 것이다.

선진국의 금리가 올라가면 많은 자금이 선진국 쪽으로 넘어갈 테니, 그 상황에서 우리나라가 금리를 더 떨어뜨리기란 쉽지 않다. 물론 예전처럼 5퍼센트, 10퍼센트대의 금리 상황은 오기 어렵겠지만.

그럼 이제 뉴스테이 정책의 인상률 5퍼센트 규제에 대해 생각해보자. 뉴스테이 참여 기업의 입장에 만약 사업의 최저 마진이 5퍼센트라면 억울하지는 않을까? 자본주의에서 기업이 이윤을 추구하는 것은 당연한데, 은행에 내야 하는 대출이자, 직원들에게 지급할 임금, 국가에 낼 세금까지 고려하면 어디에서 이윤을 남기라는 것인가 하고 말이다.

그래서 정부는 뉴스테이에 참여하는 기업에게 다양한 세제 혜택을 주고 있다. 그것도 LH공사에서 저소득층을 위해 공급하는 공공임대사업보다도 더 큰 혜택을.

뉴스테이와 공공임대사업 세제 혜택 비교 현황

			뉴스테이	공공임대
국세	양도세	장기보유 특별공제율	8년 임대 : 50% 10년 임대 : 70%	7~8년 : 25% 8~9년 : 30% 9~10년 : 35% 10년~ : 40%
	법인세 소득세	법인세 · 소득세 감면율	75%	30%

(자료 : 이원욱 더불어민주당 의원)

위의 표와 같이, 뉴스테이 참여 기업은 장기보유 특별공제율이 8년 임대했을 때 50퍼센트, 10년 임대했을 때 70퍼센트이고, 법인세·소득세 감면율은 무려 75퍼센트나 된다. 정부가 주는 혜택이 공공임대사업의 최소 2배 이상이나 되는 것을 보면 그저 신기할 따름이다. 이렇게 엄청난 세금 혜택을 주는데, 기업은 당연히 만족스러워하지 않을까?

뉴스테이 참여 기업은 의무 임대 기간이 8년으로 정해져 있다. 기업에서 도저히 수익을 못 낸다면 8년 이후에는 임대가 아닌 분양으로 전환할 수도 있다. 만약 정부가 임대에서 분양으로 전환하도록 허락하지 않을 거라면 수익을 더 올릴 수 있도록 기업에게 어떤 혜택이든 더 줄 것이다.

국가에서 기업형 임대시장을 키우기 위해 어떤 노력을 할지는 8년 이후에 보면 될 것 같다. 개인에게 돌아가던 수익을 기업체에게 넘기고, 그 세금을 국가에서 가져가려고 한다면 분명히 기업에게 또 다른 혜택을 줄 수밖에 없지 않을까?

64
정부는 왜
뉴스테이 참여 기업을 밀어주는가?

정부는 국민들이 그렇게 갖고 싶어 하는 집 한 채의 꿈을 앗아가고, 왜 기업체를 밀어주려 하는 것일까?

2018년 분양이 쏟아져서, 2018년 그 이후로는 주택 가격이 하락세를 면치 못할 것이라는 의견을 내는 전문가들도 있다. 원래 시장에서는 양쪽의 의견이 팽팽한 것이 바람직하다. 한쪽 의견만이 옳다고 한다면, 그것은 자유민주주의에 맞지 않을뿐더러, 여러 가지 의견들이 많이 나와야 더 좋은 방향의 정책도 나온다고 본다.

그러나 분양 시장에 공급이 쏟아져서 2018년 주택가격이 폭락한다고 말하는 전문가들이 간과한 사실이 하나 있다. 바로 국가에서 추진하고 있는 뉴스테이 사업으로 기존 주택시장의 패러다임이 완전히 변했다는 것이다.

기존의 주택시장은 건설업체들의 선분양으로 일반인들에게 아파트가 공급되는 시스템이었다.

국가가 LH공사를 통해 택지를 시세보다 저렴하게 건설회사에 공급하고, 건설회사는 저렴하게 공급받는 택지 위에 아파트를 건설한다.(물론 일반인에게 아파트를 분양할 때는 시세를 그대로 적용하니 건설회사는 여기서부터 이익이 창출된다.)

건설을 시작하면서 아직 아파트가 다 지어지지도 않은 상태에서 건설도면을 갖고 만든 모델하우스를 공개해 일반인에게 분양을 한다. 그러면 일반인들은 계약금, 중도금, 잔금의 형태로 자신의 아파트를 위해 돈을 먼저 납입하고(은행에서 대출받아서), 건설회사는 별걱정 없이 고객들 돈으로 아파트를 짓는다. 이런 과정을 통해 개인들이 꿈에도 그리던 내 집 한 채를 갖게 되는 것이다.

지금 정부가 진행하는 뉴스테이 정책에는 국가에서 민간 건설회사에 제공하던 택지 공급을 줄이겠다는 내용이 포함되어 있다. 기존의 택지 공급률을 100퍼센트라 하면, 10퍼센트 정도로 줄여서 건설회사들이 더 이상 기존의 분양사업으로는 돈을 벌기 어렵게 된 것이다.

정부는 신도시를 만들어 신규 아파트 단지를 조성하는 것보다, 서울 수도권 지역의 이미 노후화된 주택단지를 재개발하거나 재건축하는 쪽으로 가닥을 잡았다.

이 정책은 일본 위성도시들의 아파트가 미분양되어 유령도

시가 된 것을 보고 정부에서 더 이상의 신도시를 만들지 않기로 방향을 정한 것이고, 거기까지는 옳았다.

그런데 문제는 그다음이다. 재개발·재건축 아파트들의 조합원 분량을 빼고 나머지를 개인에게 분양하던 아파트를 이제는 아예 통째로 기업이 가져갈 수 있도록 법을 바꾼 것이다. 그리고 기업이 대규모로 분양받은 아파트를 일반인들에게 임대해 주는 시스템이 되었다.

이러한 기업형 임대아파트는 입주민들에게 각종 서비스를 제공하면서 임대료가 추가로 더 높아질 것이다. 당연히 주민의 주거비용도 늘어난다. 그렇다면 국가는 왜 기업에게 이토록 많은 혜택을 주는 걸까?

유럽은 정부에서 공공임대로 제공하는 주택의 비중이 60퍼센트 정도이고, 일본은 전체 임대주택의 70퍼센트를 민간기업이 제공하고 있다. 한편 우리나라는 현재 전체 임대시장의 90퍼센트 가량을 민간인이 전세나 월세 형태로 제공하고 있다. 뉴스테이는 이런 임대주택시장에 민간기업을 참여시켜 시장 구도를 근본적으로 바꾸려는 정책이다.

민간인들이 주도하는 임대주택을 기업이 관리한다면 정부 입장에서는 주택정책을 펴기도 지금보다 훨씬 쉬워질 테고, 세금 걷기도 훨씬 쉬워진다. 전세나 월세를 내준 임대인들을 정책 입안할 때마다 일일이 설득하기도 쉽지 않고, 세금을 걷기도 만만치 않기 때문이다.

정부는 이미 2014년에 월세 받는 임대인들에게 세금을 부과하겠다고 발표했다가 임대 한두 채의 수입에 의존하는 사람들의 거센 저항에 부딪힌 일이 있다.

그래서 지금의 민간 주도의 임대주택시장을 회사 주도의 시장으로 탈바꿈시키려는 것이다. 주거비용은 더 늘어나겠지만 서비스의 질도 높이고, 건설에서부터 이후 임대 관리까지 회사가 모든 것을 책임지게 한다. 그러면 기업은 임대주택사업을 더 키워 지속적인 사업을 통해 이윤을 창출하고, 국가에서는 이를 통해 세수 확보를 늘릴 수 있기 때문이다.

Part 03 금융 시크릿

저금리 시대의
금융자산 관리

subdivisions of main company

Subdivision 2

65

은퇴 이후 50년을 어떻게 살 것인가?

시대가 달라졌다. 더 이상 환갑은 축하받을 일이 아니다. 칠순도 좀 어색하고, 팔순 이상은 되어야 수연 잔치라도 열까 싶은, 바야흐로 백세 시대다.

가만히 앉아서 생각을 해보자. 남자 기준으로 빠르면 28세쯤 직장생활을 시작한다. 그리고 죽자 살자 일해서 운 좋게 살아남으면 55세쯤 은퇴를 하게 된다. 다시 말하지만 '운'이 좋았다고 가정할 때, 당신은 일반 회사에서 27년간 직장생활을 하게 된다.

말 그대로 은퇴를 하려면 27년간 번 돈으로 당신은 집을 사고, 차를 사고, 자녀를 키우고, 부모님을 모시고 나서 당신의 나머지 35~50년을 살아야 한다.

어떻게 살 것인가? 넉넉한 노후 자금으로 자녀들에게 효도와 존경을 받으며 살 것인가? 생활비를 벌기 위해 무슨 일이든 할 것인가? 아니면 자녀에게 손을 벌릴 것인가?

당신이 근로소득자라면 투자하지 않고는 넉넉한 노후 자금이라는 단어와 평생 만날 일이 없다는 것은 확실하다. 끊임없이 새로운 자산을 만들어내는 투자자산을 지금 당장부터 만들어가야 한다.

부동산, 금융 이 두 가지를 모르고서 당신의 지금 소득만으로 경제적 문제를 해결하려는 것은 세상에 이용당하고 노후에 버려지는 지름길이다.

초등학교부터 대학까지 또는 대학원까지 결과적으로 대부분은 좋은 회사에 입사하기 위해 공부를 했다. 과연 우리는 평생직장을 구하기 위해, 평생 동안 돈 걱정 않기 위해 많은 사교육비를 쓰며 열심히 공부한 결과 얼마를 벌게 되고 얼마를 쓰게 될까?

물가상승률도 반영해서 계산하면 좋겠지만 괜시리 어려워지기만 하니 단순하게 계산해보자. 사실 물가상승률을 반영한 결과는 더 비참하다.

66

대학에서 배운 전공으로 얼마나 벌까?

사무관리직 중위 임금 기준으로 직급별 5년이라고 간주하면 당신이 25년간 벌어들이는 돈은 약 15억 원이다. 여기서 중요한 것은 '평균소득'이라고 해서 대한민국 딱 중간 정도 버는 사람의 소득을 이야기하는 것이 아니다. 연봉 중에 중간 수준이라는 이야기다.

이제부터 여기서 빼기를 해보자.

- [집 구입 비용 : 5억 원(2016년 서울 아파트 평균가)]
- [생활비 : 4.5억 원(월 생활비 150만 원 기준)]

이 두 가지만 빼도 약 5억 원밖에 남지 남는다. 대부분이 그렇지만 여러분도 현재 직장에서 부장을 못 달면 집값, 생활비를 제외하고는 아무것도 남지 않는다.

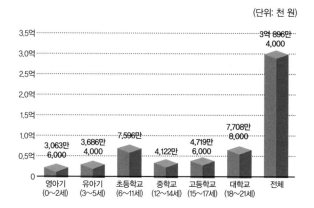

자녀 1인당 전체 양육비용

(단위: 천 원)

- 영아기 (0~2세): 3,063만 6,000
- 유아기 (3~5세): 3,686만 4,000
- 초등학교 (6~11세): 7,596만
- 중학교 (12~14세): 4,122만
- 고등학교 (15~17세): 4,719만 6,000
- 대학교 (18~21세): 7,708만 8,000
- 전체: 3억 896만 4,000

※전체는 출생 후 대학 졸업 시까지 22년간 총비용

(자료 : 보건복지부)

마지막으로 하나만 더 빼보자. 위의 표는 보건복지부에서 만든 2012년 기준 자녀양육비에 대한 데이터다.

- [자녀의 대학교 졸업까지 챙겼을 경우 1인당 평균 양육비 (약 4억 원)]

길게 이야기했지만 결론은 하나다. <u>당신이 대학 교육까지 받으면서 배운 전공을 통해 버는 돈으로 회사에서 '운 좋게' 정년을 채우더라도 노후 준비는 할 수 없다.</u> 잘하면 자식 대학 보내고 서울에 작은 아파트 한 채 갖고 끝이라는 이야기다.

어떻게든 되겠지 하는 생각으로 회사에서 해고당하지 않기만을 바라는 삶을 살지 않기 바란다. 여러분이 기대하는 평균적인(?) 삶의 수준을 원한다면 회사에서 월급으로 당신의 삶에 대한 답을 찾을 수는 없다.

전 산업 사무관리직 평균 직급별 임금 수

100인 이상 2,899개 사업체 노동자 대상 중위 임금 기준 연봉
(직급별 해당 임금을 가장 작은 값에서 가장 큰 값으로 나열할 때
정렬된 임금의 50% 해당하는 값)

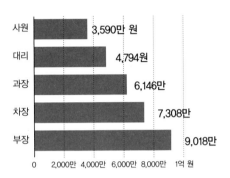

사원	3,590만 원
대리	4,794원
과장	6,146만
차장	7,308만
부장	9,018만

0 2,000만 4,000만 6,000만 8,000만 1억 원

금융보험업 직급별 중위 임금

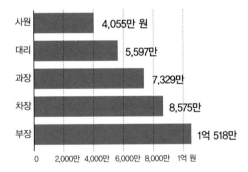

사원	4,055만 원
대리	5,597만
과장	7,329만
차장	8,575만
부장	1억 518만

0 2,000만 4,000만 6,000만 8,000만 1억 원

기업 규모는 종업원 100~300인, 300~500인, 500인 이상으
로 분류, 전일제, 60살 이하, 전문대졸 이상만을 대상. 경력 단절
로 인한 임금 저하 가능성이 있는 여성은 제외

(출처 : 한국노동연구원)

67

당신의 금융지식이 바로 돈이다

금융회사는 금융지식이 많은 고객을 좋아하지 않는다. 금융에 관해 알아도 아주 조금만 아는 사람을 좋아한다. 너무 모르는 사람은 불편하고, 너무 많이 아는 사람도 불편하니까.

그럼 여러 매체에 나와 금융 전문가들이 알려주는 금융지식은 다 뭐란 말인가? 금융회사나 금융 전문가들이 알려주는 지식은 딱 금융회사 입장에서, 여러분이 알았으면 하고 바라는 만큼일 뿐이다.

결국 금융지식을 쌓으려면 스스로 노력하고 공부하는 수밖에 없다. 단, 여러분이 금융에 대해 공부하겠다면 워런 버핏 같은 부자가 될 기대는 하지 않길 바란다.

펀드와 주식 등 금융에 관한 지식은 돈을 크게 잃지 않게 하고 적당한 수준의 수익을 거둘 수 있도록 우리를 안내한다. 그만큼의

지식이면 충분하다. 그래도 주식으로 팔자를 고치고 싶다면 고치기는 쉽다. 하루아침에 패가망신하는 쪽으로!

보험에 대한 지식은 여러분이 꼭 필요한 보험에 가입할 수 있도록 안내하고, 불필요한 손해를 보지 않게 도와준다.

매년 수많은 사람들이 가입한 보험을 해약하고 새로운 보험에 가입한다. 이때 손해 보는 비용이 적게는 몇십만 원, 크게는 몇백만 원이다.

이 액수를 우리나라 전체 인구로 계산해보면 정말 엄청나다. 잘못된 보험 설계를 통해 큰 사회적 비용이 발생하고 있는 것이다. 여러분이 좋은 설계사를 만나서 최적의 보험에 가입할 수 있다면 가입한 순간부터 몇백만 원을 버는 것과 같다.

따로 설명하겠지만, 여러분이 보험 추가납입에 대한 지식만 갖추어도 장기 저축, 연금, 유니버설 상품에 들어가는 수수료를 50퍼센트 이상 줄일 수 있다. 총 60만 원 정도를 10년 이상 납입한다 치면 전체 수수료 중 500만 원 정도는 줄어든다. 지금 연금이나 장기 저축에 가입한 상태인 분들은 추가납입 관련 내용을 꼭 참고하시기 바란다(263~264쪽 참조).

여러분이 노후 준비를 위해 돈을 모으고 있거나(물론 노후 준비는 신경도 못 쓸 형편인 경우가 허다하다), 또는 은퇴 후 40년 정도 모아놓은 자산을 관리하면서 노후생활비로 이용할 때 그동안 쌓아놓은 금융지식의 수준에 따라 수익률에 많은 차이가 있을 수 있다. 이때 연수익률 1퍼센트의 차이는 삶의 질을 엄청나게 바꿔놓을 것이다.

다음 표는 국내 포털 사이트에서 제공하는 적금 계산기를 이용한 데이터이다. 한번 자세히 보자.

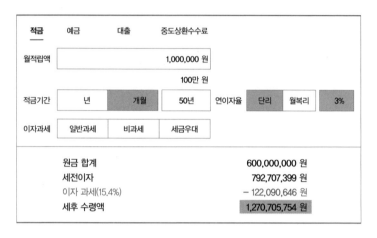

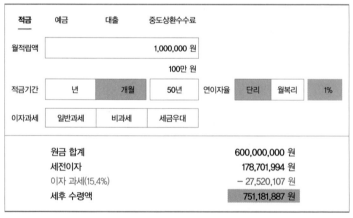

2~3퍼센트의 수익률 차이가 3~4년 동안은 미약할 수 있지만 몇십 년 동안 같은 차이가 지속된다면 그 액수는 상당히 커질 것이다.

내 주변에는 워커홀릭이 많다. 일 잘하고, 책임감 강하고, 성실한 분들. 하지만 아직 부자와는 거리가 있어 보인다. 그런 분들을 만날 때마다 내가 항상 드리는 말이 있다.

"당신의 지금 소득보다 금융지식이 미래에 더 큰 자산을 안겨줄 것이다. 여러분의 일에서 최고가 되는 동시에 필요한 금융지식은 반드시 갖추길 바란다."

그렇게 애가 타도록 강조했어도 아마 그분들, 지금도 회사에서 열심히 야근을 하고 계실 것 같다. 안타까운 현실이다. 이렇게 세상은 금융지식 쌓을 기회도 시간도 주지 않는다.

68
복리! 네가 정말 복리냐?

　복리! 나도 좋아한다. 복리로 꾸준히 돈을 모으다 보면 금세 부자가 될 것으로 생각한 때도 있었다. 물론 금리에 대한 이해가 부족할 때 얘기다.

　고객들과 상담할 때 나는 항상 물어본다.

　"1988년에 금리가 몇 퍼센트였을 것 같습니까?"

　예전 같으면 대부분 모르겠다고 대답하는데 요즘 고객분들은 곧바로 알아맞힌다. 15퍼센트라고!

　속으로 신기하다 했더니, 최근에 〈응답하라 1988〉이란 드라마를 보고 알았단다. 동네 아주머니들이 재테크 이야기를 나누다가 금리 얘기가 나왔다나. 우리에게 그때의 금리를 알려주는 굉장히 교육적인 드라마인 것 같다.

　그 당시 금리는 정말 엄청났다. 그냥 동네 은행이 15퍼센트였

COUNTRIES ⬍	GDP	GDP YoY	GDP QoQ	Interest Rates	Inflation rate	Jobless rate	Gov. Budget	Debt/GDP	Current Account	Currency	Population
ited States	17947	1.30%	1.40%	0.50%	1.50%	5.00%	-3.20%	104.17%	-2.70	119.89	321.57
ro Area	11540	1.60%	0.30%	0.00%	0.40%	10.10%	-2.10%	90.70%	3.70	1.09	338.47
ina	10866	6.70%	1.80%	4.35%	1.90%	4.05%	-2.30%	43.90%	2.70	6.76	1374.62
pan	4123	0.80%	0.20%	-0.10%	-0.50%	3.10%	-6.00%	229.20%	2.90	104.07	126.82
rmany	3356	3.10%	0.40%	0.00%	0.70%	4.20%	0.70%	71.20%	8.80	1.09	82.18
ted Kingdom	2849	2.10%	0.70%	0.25%	1.00%	4.90%	-4.40%	89.20%	-5.20	1.22	64.88
nce	2422	1.30%	-0.10%	0.00%	0.40%	9.90%	-3.60%	96.10%	-1.40	1.09	66.63
ia	2074	7.10%	1.40%	6.25%	4.31%	4.90%	-3.90%	67.20%	-1.25	66.93	1254.02
y	1815	0.80%	0.00%	0.00%	0.10%	11.40%	-2.60%	132.70%	2.20	1.09	60.80
azil	1775	-3.80%	-0.60%	14.00%	8.48%	11.80%	-10.30%	66.23%	-3.32	3.14	204.45
nada	1551	0.90%	-0.40%	0.50%	1.10%	7.00%	0.10%	91.50%	-3.30	1.32	35.99
uth Korea	1378	3.30%	0.80%	1.25%	1.20%	4.00%	-3.00%	35.12%	7.70	1135.85	50.60
stralia	1340	3.30%	0.50%	1.50%	1.00%	5.60%	-2.40%	36.80%	-4.60	0.76	23.94
ssia	1326	-0.60%	-0.57%	10.00%	6.40%	5.20%	-2.60%	17.70%	5.10	62.43	146.30
ain	1199	3.20%	0.80%	0.00%	0.20%	20.00%	-5.10%	99.20%	1.50	1.09	46.45
xico	1144	2.50%	-0.20%	4.75%	2.97%	4.00%	-3.50%	43.20%	-2.80	18.62	121.01
onesia	862	5.18%	4.02%	4.75%	3.07%	5.50%	-2.53%	27.00%	-2.06	13005.00	255.46
therlands	753	2.30%	0.60%	0.00%	0.10%	5.70%	-1.80%	65.10%	9.10	1.09	16.90
key	718	3.10%	0.30%	7.50%	7.28%	10.70%	-1.20%	32.90%	-4.50	3.06	78.74
itzerland	665	2.00%	0.60%	-0.75%	-0.20%	3.20%	0.00%	34.40%	11.00	1.00	8.24
di Arabia	646	1.40%	1.50%	2.00%	3.30%	5.60%	-15.00%	5.90%	-8.20	3.75	31.52
entina	548	-3.40%	-2.10%	26.75%	40.50%	9.30%	-5.40%	48.40%	-0.90	15.16	43.13

(출처 : 트렌딩 이코노믹스 http://www.tradingeconomics.com)

고, 조금 노력하면 20퍼센트대도 충분히 찾을 수 있었으니.

하지만 지금 우리나라의 금리는 어떤가? 위의 표는 현재 전
세계의 금리 현황이다. '금리(Interest Rates)' 열을 보자.

몇몇 나라를 제외하고는, 대부분의 다른 나라 금리가 우리
나라보다 낮다. 심지어 스위스는 금리가 마이너스 0.75퍼센트
다. 세계의 대부분의 나라의 금리는 지속적으로 낮아지고 있으며,
많은 경제학자들은 과거와 같은 고금리 시대는 오지 않을 거라고
이야기한다.

여러분이 1~2퍼센트의 금리를 기대하고 은행 적금을 들었다
치자. 10년을 붓고 20년을 부어서 원금에 이자까지 복리로 모
두 받는다면 당신은 돈을 모을 것인가, 잃은 것인가? 여기에서

227

중요한 변수는 물가다!

물가상승률은 대부분 금리보다 높다. 만일 여러분이 모은 돈이 아무리 복리 이자까지 붙었다 해도 그것이 물가상승률에 미치지 못한다면 당신은 돈을 잃은 것과 같다. 즉 꾸준히 이자소득을 얻은 것이 아니라 열심히 저축하면서 까먹었다는 말이다.

1988년 무렵에는 짜장면값이 500원이었는데, 지금은 동네 짜장면값이 얼만가? 보통 5,000~6,000원 정도니 물가가 10배 이상은 올랐다고 볼 수 있다.

만약 1988년에 은행에다 500원을 맡기고 지금 찾았는데 5,000~6,000원이 못 된다면 원금 500원을 지킨 게 아니다. 오히려 까먹은 것과 다름없다.

저축을 하더라도 하나는 알고 하자! 은행을 통해 단기간에 작은 목돈 만들기는 가능할지라도 장기간에 걸쳐 물가 상승 이상의 수익을 거두지 못한다면 손해를 보는 것과 같다.

물가는 매년 4퍼센트 가까이 오르는데 적금과 예금 이자가 1~2퍼센트라면 이자가 붙는다고 기뻐할 일이 절대 아니다. 이자가 물가보다 훨씬 낮기 때문에 내 돈을 까먹고 있음에 분노하는 것이 마땅하다.

심지어 어떤 금융상품은 현재의 금리(이율)를 갖고 복리로 굴려주겠다면서 많은 소비자들을 현혹한다. 난 이런 것을 볼 때마다 얼마나 화가 나는지 모른다. 복리는 무슨! 개뿔이 복리인가?

재무설계사들이 권하는 복리형 금융상품도 마찬가지이다. 매달 일정 금액을 납입하면 나중에 복리로 불어나서 몇십 년 뒤 원금보다 2~3배 많은 금액을 받게 된다고 하지만, 물가를 감안하면 엄청나게 손해라 할 수 있다.

재무설계사가 양심적이거나 실력 있는 사람이라면 단순한 복리 계산이 아니라, 물가를 감안한 실질 수익을 제시해야 한다. 안 그런가?

물가 상승률에도 못 미치는 복리, 그것이 정말 당신이 원하던 그 복리인가?

69

'한 달간 무이자' 대출 광고의 함정

사람들은 흔히 대출에 대해 잘 쓰면 약, 잘못 쓰면 독이라고들 말한다. 죽어가던 사업 아이템을 살려낼 수도 있고, 위기에 빠진 가정과 기업을 구해낼 수도 있는 대출, 이럴 땐 당연히 약으로 쓰인 경우다. 이처럼 대출은 자본주의 사회에서 중요한 역할을 담당한다.

그렇다고 모든 대출이 좋은 기능만 하는 건 아니다. 즉 **적극적으로 활용할 만한 대출이 있는 반면 절대 쓰지 말아야 할 대출도 있다.**

요즘 TV에는 전례없이 많은 대출 광고가 등장한다. 그중에 '한 달간 무이자'라는 광고가 있는데, 소액이지만 당장 돈 빌릴 만한 곳이 없는 사람들은 아주 귀가 솔깃할 수 있는 광고임에 틀림없다.

한 달 안에 원금을 갚으면 이자도 안 받겠다는 것은 언뜻 보면 서민에 대한 속 깊은 배려 같기도 하다. 누구든 살다 보면 이런 상황이 꼭 있으니까. 얼마 안 되는 액수이지만 돈은 필요하고, 겨우 몇 푼 때문에 주변에 아쉬운 소리는 하기 싫은 상황⋯⋯.

하지만 어딘가 미심쩍은 느낌이 들지는 않는지? 왠지 함정은 아닐까 싶은? 맞다. 여기에는 고도의 전술과 음모가 들어 있다. 자, 아래의 〈대형 대부업체의 대부 기간 현황〉 그래프를 보자.

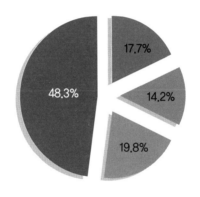

대형 대부업체 대부 기간 현황

17.7%

14.2%

48.3%

19.8%

■ 3개월 미만 ■ 3~6개월 ■ 6~12개월 ■ 1년 이상
(기준 : 2014년 상반기 / 출처 : 금융감독원)

보다시피 대부업체에서 돈을 빌려 3개월 미만으로 쓴 사람은 17.7퍼센트로, 전체의 20퍼센트가 채 안 된다. 이런 대부업체를 찾는 사람들은 굉장히 급하게 돈이 필요한 사람일 테니 대부분 한 달 안에 갚기가 쉽지 않을 것이다.

그토록 고마웠던 '한 달 무이자 대출'은 한 달을 넘어가는 순간 엄청난 고금리 상품으로 탈바꿈한다. 그보다 무서운 건, 한 달 안에 원금을 갚는다 해도 대부업체를 이용하는 그 순간 신용등급이 바로 6~7등급으로 떨어지고, 신용도를 회복할 때까지 제1 금융권을 이용하기가 어려워진다는 사실이다.

아무리 사람 좋은 당신이 주변 사람에게 돈 빌려 달란 소리 하기가 싫어서 겨우 딱 한 달 사용한다 해도, 이미 대부업체의 주요 고객 명단에 들어가 그 굴레를 벗어나기가 이미 쉽지 않은 상황이 되는 것이다.

한마디로 한 달 무이자 대출은 대부업체의 미끼다. TV에 나오는 광고니까 믿을 만하겠지, 하며 덥석 미끼를 삼키는 순진한 물고기는 제발 되지 말자.

70
자기 돈의 주도권은 자신이 가져라

나도 한때 주식이 최고의 재테크라고 생각한 적이 있다. 그땐 월급의 대부분을 펀드에 넣었고, 매일 주식시장을 관찰하며 평가잔액을 확인하는 재미로 살았다. 주식이 오를 때는 기분이 참 좋았다.

그러던 어느 날 갑자기 주식이 떨어지기 시작했다. 내 펀드를 관리해주는 사람에게 전화해봤지만 무조건 기다리라고만 했다. 그래서 열심히 기다렸는데 아니나 다를까, 이후에도 계속 떨어졌다. 그때의 심정은 뭐라 말로 표현할 수조차 없다. 결국엔 거의 1억 원 정도가 날아가 버렸다.

말이 1억 원이지, 월급쟁이가 1억 원을 모으려면 먹을 것, 입을 것, 가족에게 줄 것까지 아껴서 모은다 해도 얼마나 걸리겠는가. 그게 다 날아가 버렸으니 그 심정이 오죽했겠는가!

난 아무것도 할 수 없었다. 그저 마냥 기다리는 수밖에……. 펀드에 있는 돈을 뺄 수도 없었다. 너무나 아까워서…….

내 돈을 내가 모으는데 내가 할 수 있는 게 아무것도 없다니. 주식이 그렇게 마구 떨어질 때는 방어할 수 있는 최소한의 수단이라도 있어야 하는데, 그야말로 속수무책이었다.

은행 저축도 마찬가지다. 실제 지급하는 이율이 2퍼센트대인데 물가가 현재 4~5퍼센트대로 오르고 있다면 그냥 가만히 앉아서 돈을 손해 보는 게 아닌가. 이 얼마나 억울한 일인가?

난 이래서 내 의지와는 전혀 무관하게 그저 제3자에게 맡겨두어야 하는 펀드가 싫고 저축이 싫다. 어째서 내 돈이 남에 의해 날아갈 수 있단 말인가.

이제 난 내 돈의 주도권을 절대 남에게 맡기지 않는다. 예전에 잃어버린 돈도 물론 회복했다.

여러분도 자기 돈의 주도권은 자신이 갖길 바란다. 금융상품을 통해 적으나마 돈을 모으려면 변액상품을 권하고, 돈을 모으면 수요가 많은 소형 아파트에 투자할 것을 권한다.

그렇게 해야 한다. 지금은 그런 시대다. 괜히 남의 말만 듣지 말고, 여러분 스스로 돈의 주도권을 가져라.

71

통장을 쪼개라고? 너나 쪼개세요!

　한창 통장 쪼개기가 유행한 적이 있다. 통장을 소비통장, 저축통장, 이런 저런 통장으로 나누어서 관리하는 것이 부자가 되는 방법이라고.

　처음에는 '그래, 참 좋은 방법이다!' 생각했다. 참 좋을 것 같긴 한데, 정말 실천에 옮긴 사람 이야기를 듣고 싶어졌다.

　그래서 수없이 많은 사람들과 이야기해 보았는데, 다들 통장 쪼개기에 관해 책은 읽었지만 이구동성으로 실천은 어렵다는 것이다. 슬슬 의문이 들기 시작했다. 통장 쪼개기를 실천하면 과연 부자가 될까?

　통장 쪼개기를 열심히 하면 여러분의 저축금액이 매월 100만 원이 늘겠는가, 200만 원이 늘겠는가? 50만 원만 늘어도 아마 당신은 대단한 사람일 것이다.

통장을 쪼개면 스스로 통장 관리는 하겠지만, 과연 삶에 별다른 변화를 불러올 수 있을까? 표지가 예쁜 통장 4~5개를 더 갖게 될지는 몰라도, 수입이 증가하지는 않는다.

또한 이렇게 통장을 쪼개서 지출 몇만 원, 몇십만 원을 관리하든 안 하든, 나중에 얼마나 큰 차이가 있겠는가?

통장 쪼개기를 하지 말라고는 하지 않겠다. 하지만 내 생각에는 통장 정리하는 시간과 에너지를 차라리 열심히 일해서 소득을 늘리거나, 금융지식 쌓는 데 쓰면 좋겠다. 그 편이 여러분에게 훨씬 유용할 거라고 본다.

돈을 아끼고 싶어서 통장 쪼개기를 하겠다고? 그 의지와 열정을 통장 쪼개는 데 쓰지 말고 차라리 쓸데없이 쇼핑이나 유흥에 쓰는 돈을 줄이기로 결심하는 데 쓰는 게 어떨지? 그럼 저축금액이라도 늘어날 것이다.

72

당신의 그 월급으로
무슨 지출을 통제하는가?

열심히 지출을 통제하는 거? 그거 다 옛날 이야기 아닐까? 지출을 열심히 통제하다 보면 사람이 더 작아지지 않을까?

지금은 돈을 잘 쓸 줄 알아야 하고, 더 위대한 사람을 만나기 위해 돈을 써야 하고, 좋은 책을 보기 위해 돈을 써야 하고, 주변에 베풀기 위해서 돈을 더 쓸 줄 알아야 하는 그런 시대 아닐까?

여러분이 합리적인 소비자라는 전제하에 이야기하겠다. 나는 여러분이 쓰고 싶은 데 쓰고, 사고 싶은 것 다 살 수 있길 바란다! 다만 그 소비를 위해 어떻게 하면 더 많이 벌지를 고민했으면 좋겠다는 것이다.

지금 당신 월급통장을 한번 보라. 기본적인 생활비와 꼭 필요한 데 쓸 돈을 제외하면 얼마나 남는가? 장담하건대, 그 돈을 몽땅 다 은행에 저축한다 해도 당신 삶은 좀처럼 많이 나아지지 않는다.

아무리 아껴봐야 결혼할 때 여러분의 부모님이 도와주지 않으면 여러분이 아낀 돈은 우스워질 것이다. **차라리 돈을 아끼지 말고 당신을 위해 써라. 많은 교육을 받고 많은 경험을 쌓아라. 또한 좋은 스승을 만나기 위해 돈을 아끼지 마라. 그게 당신을 훨씬 더 부자로 만들어준다.**

내 이야기를 예로 들어보겠다. 난 명문대학교를 졸업했다. 남들이 부러워하는 대학을 나왔으니 다소 우쭐한 마음도 가졌던 게 사실이다. 대기업에 입사할 때는 이제 내 인생에 절대 돈 걱정은 없을 거라 생각했다.

하지만 그게 아니었다. 내가 태어나고 자란 곳은 요즘 유행하는 말로 흙수저 집안이다. 내 생활비는 물론 대학 학비도 과외 아르바이트를 해서 충당해야 했고, 결혼비용도 부모님의 도움을 받지 않았다. 신혼집인 빌라 전세금 1억 5,000만 원도 우리 부부가 열심히 번 돈을 합쳐 마련했다.

그 이후 우리 부부는 1년 반 동안 열심히 모아서 대망의 엘리베이터가 있는 전세 2억 원짜리 빌라로 이사를 갔다. 깔끔하고 넓은 집이어서 얼마나 좋았는지 모른다.

하지만 문제가 생겼다. 전세가 폭등하면서 1년이 지나자 2억 5,000만 원을 넘어가더니 계약 만기 때에는 1억 원 이상을 준비해야 했던 거다. 그동안 부부가 열심히 일해서 저축한 돈을 몽땅 집주인에게 갖다 바쳐도 모자랄 형국이었다.

어떻게든 혼자 해결해보려고 심각하게 고민하다가 박정수 대표한테 자문을 구했다. 박 대표는 "왜 바보같이 그 집에서 더 전세를 살려고 하느냐. 대출을 크게 받아서 서울에 있는 아파트로 이사하고, 남은 돈으로 투자용 소형 아파트를 몇 채 구입해라. 그러면 그 아파트들이 대출이자까지 모두 책임져 줄 것이다." 하고 조언을 해주셨다.

결국 작년(2015) 말에 나는 박 대표의 조언에 따라 지금의 아파트로 이사했다. 처음에는 와이프는 시큰둥했다. 대출이자 내는 것도 부담스러워했고, 전에 전세 살던 집을 아쉬워했다. 하지만 그후 아파트의 가격이 높게 올랐고, 교통 등 생활환경도 편리해서 너무나 살기 좋다.

와이프도 지금은 이사 오길 참 잘했다며 좋아한다. 전셋값 폭등 때문에 스트레스 받을 일도 없고, 대출이자는 내가 투자한 소형 아파트가 다 내주고 있으니 아무 걱정 없다.

73

언제까지 이자소득세를 낼 생각인가?

현재 우리나라 이자소득세율은 15.4퍼센트다. 당신의 저
축에 붙는 이자의 15.4퍼센트를 정부에서 가져가고 있는 것이

국가별 소득세 및 이자소득세 현황

국가별 소득세		국가별 이자소득세	
국가	**소득세**	**국가**	**이자소득세**
네덜란드	0~52%	네덜란드	60.6%
독일	15~42%	독일	53.8%
덴마크	38~59%	스위스	50.9%
프랑스	10~48.09%	미국	46.0%
이탈리아	23~43%	호주	45.5%
노르웨이	28~51.3%	노르웨이	40.0%
대한민국	6.6~41.8%	대한민국	15.4%

＊자료 : 현대경제연구원이 통계청 마이크로데이터 〈가계금융복지조사〉를 이용하여 추산.

다. 이러한 이자소득세율이 높다고 생각하는가?

아니다. 절대 높지 않다. 우리나라와 비슷한 경제 수준 또는 그 이상의 경제력을 가진 국가들은 이자소득세율이 우리나라보다 2배 이상 높다.

우리나라 정부의 세금 곳간에 현재 돈이 많이 있다고 생각하는가? 없다. 그래서 여러분도 알다시피 세금은 계속 오를 추세다. 그러므로 이자소득세율 또한 앞으로 더 높아지리란 것쯤은 쉽게 예상할 수 있다.

정부에서는 몇몇 금융상품에 이자소득세를 내지 않아도 되는 혜택을 주었다. 하지만 그런 금융상품은 대부분 수수료가 높아서 환영을 받지 못하는데, 이때 추가납입을 활용하면 수수료 부담을 최소화할 수 있다. 추가납입에 관한 내용은 뒤에서 좀더 자세히 이야기하겠다(263~264쪽 참조).

74

연금저축 세액 공제의 진실

국세청에 정리된 연금저축을 통한 공제 기준은 아래와 같다.

> ■ 종합소득이 있는 거주자가 연금 계좌에 납입한 금액의 12%를 해당 과세 기간의 종합소득 산출세액에서 공제 (총급여 5,500만 원 이하는 15%)
>
> – 연금저축 계좌 400만 원 한도
> – 연금저축 계좌 400만 원 이내 금액과 퇴직연금 계좌(과학기술인공제회법의 퇴직연금 포함)에 납입한 금액 700만 원 한도

종합소득세를 낼 때 소득 공제를 목적으로 연금저축을 가입한다면 월 35만 원 정도 납입하여 최대의 세액 공제 혜택을 볼 수 있다. 하지만 이때 받은 혜택을 나중에 도로 반납해야 한다는 사실을 알고 있는지?

정부는 매년 세액 공제를 통해 48만 원씩 돌려주지만 은퇴 후 연금을 수령할 때 5.5퍼센트씩 연금소득세를 걷어간다. 그건 받은 돈 어쩌면 그 이상을 다시 토해야 한다는 말과 같다.

5.5퍼센트가 적어 보일 수 있지만 수십 년의 긴 시간 동안 복리로 불어난 금액의 5.5퍼센트는 결코 적은 금액이 아니다.

게다가 은퇴 후 연금 이외의 기타소득이 있으면, 연금소득이 종합소득에 포함되어 소득세율 구간이 달라질 수 있다. 연금 때문에 내지 않아도 되는 세금을 낼 수도 있다는 말이다.

아무리 생각해봐도 연금저축은 우리나라 국민을 위한 게 아니라 금융회사와 정부를 위한 것 같다.

75

비과세냐, 세액 공제냐?

연금 수령 시 반드시 연금소득세를 내야 한다면 그나마 손해를 덜 보기 위해 세액 공제라도 받는 것이 낫다. 하지만 연금소득세를 내지 않거나, 종합소득세에 포함되지 않는 상품이 있다면? 그럼 이야기가 달라지지 않겠는가?

연금저축엔 크게 두 가지 종류의 상품이 있다.

하나는 위에서 설명한 세액 공제되는 상품이고 나머지 하나는 비과세 상품이다.

비과세 상품은 세액 공제를 받지 않지만, 연금 수령 시 연금소득세는 물론이고 종합소득에도 포함되지 않아서 세금을 전혀 내지 않는 상품을 말한다.

이 책을 계속 읽다 보면 연금 자체가 싫어지겠지만 그래도 연금은 연금 나름의 가치가 있으니 두말없이 연금을 선택할 사람도 있을 것이다. 그래도 모르고 가입하는 것보다는 알고 가입하는 것이 낫지 않겠는가?

모든 금융상품엔 장단점이 있다. 최대한 세액 공제를 받는 것이 좋겠는가, 비과세로 은퇴 후 세금을 덜 내는 것이 좋겠는가?

연금 수령 시기가 앞으로 몇십 년 후이기 때문에 두 가지 상품을 숫자로 명확하게 비교하기는 굉장히 어렵다. 그렇지만 연금을 선택할 때는 반드시 아래의 조건들을 고려하기 바란다.

❶ 연금 가입 시 말하는 3퍼센트대 금리, 과연 사실일까? 계속 이 금리를 지켜줄까?

대부분의 상품은 그 시대의 금리에 따라 변동되는 변동금리형 상품이다. 지금은 3퍼센트대를 말하지만 최저 보증금리는 1~1.5퍼센트인 상품이 대부분이다. 이 최저금리 또한 점차 낮아지는 추세에 있다.

전 세계 금리 추세로 봤을 때, 언젠가는 최저 금리만큼의 이자소득을 얻게 되리라 보면 된다. 나중에 금리가 굉장히 낮아졌을 때 손해 보고 해약하는 방법을 제외하면, 여러분이 할 수 있는 조치는 없다. 이러한 금리, 즉 이자를 지급하는 연금에 가입하는 것이 맞을까? 절대 아니다.

❷ 세액 공제냐, 비과세냐? 내 기준에선 어떤 것이 맞을까?

당장 세액 공제로 1년에 몇십만 원 더 받는 것이 나을까? 은퇴 후 소득이 없을 때 세금을 안 내는 것이 나을까?

난 은퇴 후 한 푼이라도 세금 덜 내는 것이 낫다고 본다. 여러분이 지금 받을 세액 공제 몇십만 원보다 은퇴 후 내야 할 세금 5.5퍼센트가 훨씬 크게 느껴질 것이다. 소득이 있을 때의 10만 원과 소득이 없을 때의 10만 원은 그 가치가 굉장히 다르지 않겠는가?

지금 내가 10만 원을 거리낌없이 쓸 수 있지만 나의 할머니는 내가 용돈으로 10만 원을 드리면 얼마나 아껴 쓰시는지 모른다. 수입이 있는 사람의 10만 원과 수입이 없는 사람의 10만 원은 하늘과 땅 차이다.

76

애널리스트, 어디까지 믿을 수 있나?

애널리스트는 시장을 분석해서 많은 예측을 내놓는다. 애널리스트의 예측은 과연 얼마나 들어맞을까?

미국의 2008년 대선 및 2012년 대선에서 대부분의 결과를 알아맞혀 통계와 예측의 슈퍼스타로 불리는 네이트 실버는 그의 저서 《신호와 소음》에 한 가지 사례를 소개하고 있다.

캘리포니아 대학교 버클리 캠퍼스에서 심리학과 정치학을 가르치는 필립 테틀록은 1987년부터 무려 15년이 넘도록 학계와 정부에 몸담은 수많은 전문가들이 국내 정치·경제·국제관계 등 다양한 주제에 대해 예측한 내용을 수집하기 시작했다. 그 연구 결과를 2005년에 발표했고 그가 내린 결론은 학계를 완전히 비웃는 것이었다.

그가 살펴본 전문가들은 직업이 무엇이든 간에, 경험을 얼마나 오랫동안 쌓았든 간에, 하나같이 동전을 던져 판단을 내릴 때보다 낫지 못했다. 또 이들의 예측은 지극히 초보적인 통계 방법론을 동원해 정치적 사건들을 예측한 것보다도 못했다.

이 전문가들이 절대로 일어나지 않을 거라고 주장한 사건 가운데 약 15퍼센트가 실제로 일어났다. 또한 반드시 일어날 거라고 주장한 사건의 약 25퍼센트는 일어나지 않았다. 모든 분야에서 그들의 예측은 터무니없이 빗나갔다.

애널리스트들도 자신의 예측이 빗나가기 쉽다는 것을 잘 안다. 그래서 항상 중립적인 표현을 한다.

사실 애널리스트 입장에서는 큰 사건을 맞혀서 유명해지는 것도 좋지 않다. 2008년 금융 위기를 맞혔던 한 여성 애널리스트는 그 뒤로 수많은 방송에 초대받았고 많은 예측을 했지만 대부분 틀리면서 수많은 비난을 받아야 했다.

애널리스트가 제공하는 팩트는 참고만 하고 판단은 스스로 내리는 것이 좋다. 하지만 위에서 15년 연구 결과가 말해주듯, 미래에 대한 예측보다 벌어진 일에 어떻게 대응하는가가 더욱 중요하다. 또한 주변에서 뭐라 하든 본인의 소신에 따라 밀어붙이는 것이 중요하다.

77

은행은 저축하라고 있는 곳이 아니다

대중의 은행에 대한 신뢰는 타 금융회사에 비해 상당히 높은 편이다. 보험사나 증권사 쪽으로는 크게 당할 일이 좀 있는데 은행(제1 금융권 기준)에서는 그다지 크게 당할 일은 없기 때문이다.

하지만 여기에 문제가 있다. 여러분이 대한민국의 평균적인 근로소득자라고 할 때, 평소에 은행만 주로 이용한다면 은행에서 돈을 잃을 일은 별로 없지만, 한편 은행을 통해 부자가 될 일도 없다. 여러분이 은행만 이용하는데도 경제적으로 자유를 얻을 만큼 부자가 되는 경우는 오직 본인의 소득이 굉장히 높아졌을 때뿐이다.

은행금리는 물가상승률보다 훨씬 낮다. 젊었을 때 단기간 내에 목돈을 만들기 위해서, 또는 여타의 다른 금융 서비스를 이용하기 위해 이용하는 것 말고는 은행 상품 가입을 통해 부자가 되겠다는 생각은 아예 버리자.

다만 은행이 당신에게 큰 도움을 줄 수 있는 기능이 하나 있다. 바로 대출이다! 대출에 대해서는 뒤에서 자세히 이야기해 두었으니 참고하시기 바란다(312~315쪽 참조).

또 한 가지 당부하고 싶은 것이 있다. 은행 창구에서 판매하는 비과세 저축이나 펀드에는 절대 가입하지 말자. 창구 직원들조차 어떤 상품인지 잘 모르면서 권유하는 경우가 많다.

은행에서 권유하는 펀드는 주로 증권회사와 은행이 결탁해서 서로 이익을 나누기로 약정을 하고, 그 이익이 은행에 많이 나오는 펀드를 판매하는 것이다. 그러니 그런 펀드가 여러분에게 유리한 상품일 리가 있는가?

비과세 저축이라는 것도 보험회사의 변동금리형 상품을 갖고 와서 판매하는 것이기 때문에 아무리 돈을 넣는다 해도 불어나지 않는다. 물가를 감안하면 오히려 손해를 보는 상품이 대부분이라, 중간에 해약해서 원금까지 까먹기 십상이다.

언제 시간이 되면 창구 직원에게 그가 권하는 비과세 저축이나 펀드에 대해 꼬치꼬치 물어봐라. 그 창구 직원이 대답을 잘 못해 얼굴이 빨개지거나 시간이 없다고 나중에 이야기하자고 할 것이다. 은행은 여러분의 아군이 아니라는 점을 잘 알고 있어야 한다.

78

재무설계사를 만나면
정말 재무설계가 될까?

모든 재무설계사가 그렇다는 것은 아니라는 것을 전제
로 이야기해보겠다.

1:1 맞춤형 무료 재무설계 상담으로
사회 초년생 재테크 서비스 제공

저금리가 장기화될수록 청년층과 사회 초년생들의 재테크
역시 어려워지고 있다. 이제 예금만으로 돈 모으기가 가능하
다는 재테크도 옛말이 된 지 오래다.

부동산 투자 전문업체 대표 K씨는 사회 초년생들이 좋은 투
자처와 투자상품을 선택해 재테크를 하는 것이 중요하다고 밝

했다.

하지만 사회 초년생들이 종잣돈을 만들기에 좋은 투자처를 찾는 것은 생각만큼 쉽지 않다.

많은 투자처들과 다양한 상품들이 있지만 대부분 리스크가 있고 수익률을 올리기에는 투자에 대한 자세한 정보 또한 없기 때문이다.

K씨는 "맞춤형 무료 재무설계 상담으로 사회 초년생들이 종잣돈을 모을 수 있는 안정성과 수익성 두 마리 토끼를 다 잡을 수 있는 서비스를 제공하고 있다"고 말했다.

또한 "좋은 투자처와 상품을 선정해 사회 초년생들에게 맞춤형으로 제공되며, 사후 서비스 관리를 통해 리스크 부담을 줄여주어 주목을 받고 있다"며 "소액으로도 꾸준히 재테크를 한다면 종잣돈 모으기에 성공할 수 있다. 저금리 시대 소액 투자자들과 사회 초년생, 직장인을 대상으로 한 맞춤형 무료 재무설계 상담 서비스를 진행 중"이라고 말했다.

출처 : 〈베타뉴스〉, 2016. 9. 27.

온라인에서 많은 금융사들이 이런 식으로 홍보하며 무료 재무설계 받기를 권하고 있다. 왠지 재무설계를 받고 나면 내 저축금액이 늘어나고 투자수익률도 계속 높아질 것 같은 느낌을 준다.

나는 오랫동안 재무설계사로 일했다. 지금 내가 이렇게 솔직하게 말하기 어려운 부분도 있지만 대부분의 재무설계사는 보험사 또는 증권사의 영업사원이라고 보면 된다. 나도 그랬다. 보험사와 증권사는 설계사가 회사에 수익이 되는 상품을 고객에게 권유하도록 유도하고, 그 상품을 권유하면 다른 상품에 비해 더 많은 수수료를 받을 수 있기 때문에 재무설계사들은 그 회사의 영업사원으로 전락할 수밖에 없는 환경에 놓이게 된다.

나를 비롯해 많은 재무설계사들이 재무설계 관련 자격증을 갖고 있고 그 자격증을 토대로 전문가답게 일을 하고 싶어 한다. 하지만 그들의 최종 목적은 고객을 보험 또는 펀드에 가입시키는 것이다. 자격증이 아무리 많다 해도 별 소용이 없다. 그저 거기서 발생되는 수수료가 그들의 주요 수입원이기 때문이다. 이렇게 기본적으로 안고 있는 한계가 있어서 순수하게 고객을 위해 재무설계를 한다는 것이 쉽지 않다.

재무설계사가 수수료에 집중하다 보면 고객에게 필요 없는 금융상품을 과도하게 가입시키거나 기존 고객이 가입한 좋은 금융상품을 해약시키는 상황이 발생하기도 한다. 이는 당연히 고객에게 많은 부담 또는 피해를 주게 된다.

그렇다고 고객이 스스로 공부해서 좋은 금융상품을 선택하기도 어렵다. 인터넷이나 시중에 출판되어 있는 금융 및 재무 관련 책으로 공부한다 해도 금융사마다 갖고 있는 특성을 정확히 파악하기란 불가능하기 때문이다.

오히려 자기는 수많은 금융 관련 책을 읽어서 전문가와 다름 없다고 자랑하면서도 막상 가입한 상품을 보면 다른 사람들보다 더 이상한 상품에 가입하는 경우도 자주 봤다.

이러한 이유 때문에 나는 이 책을 쓰고 있는 것이다. 이 책에서는 깊이 있게 들어가기보다는 최소한 챙겨야 할 재무에 대한 내용과 보험을 포함한 금융상품의 포인트들을 짚어줄 생각이다. 그것을 통해 기본적인 기준을 세운 이후에 믿을 만한 설계사를 통해 가입하길 권유한다.

이 책에서 말하는 금융상품에 대한 기준에서 벗어나는 내용을 말하는 설계사는 일단 경계할 필요가 있다.

79

무료 재테크 세미나는
당신에게 던지는 미끼다

　낚시꾼들은 물고기에게 미끼 값을 받지 않는다. 얼마 전에 아내가 신청한 육아 관련 강연에 나도 함께 따라나선 적이 있다. 강연자가 아이들 행동 교정 분야에서 상당히 유명한 분이고, 결정적으로 무료 강연이었다!

　그래도 나름 기대를 하고 갔는데, 강의가 시작이 되자 예정된 강사는 들어오지 않고 난데없이 한 은행의 부지점장이라는 사람이 강단에 올라왔다. 그 사람은 세계 금리부터 우리나라 금리를 쭉 읊어대더니 강연에 참석한 어머니들에게 종신보험을 저축형으로 가입해야 큰돈을 모을 수 있다며 보험 가입을 권유했다. 놀랍게도 많은 어머니들이 관심을 보이면서 상담 신청서를 냈고 그 자리에서 가입까지 진행되었다.

　이 강연은 아이 행동 교정 강연이 목적이었을까, 아니면 그

Part 03 금융 심리학 _ 저금리 시대의 현명한 자산 관리

255

강연에 참가한 많은 사람들의 보험 계약이 목적이었을까? 무료 강연이라는 것은 그냥 물고기에게 주는 미끼 같은 게 아니었을까?

여러분은 재테크 세미나에 참석해본 적이 있는가? 유료로 진행하는 경우도 있지만 무료로 진행되는 경우가 많다. 재테크 세미나에 참석하면 많은 정보를 얻을 수 있고, 자신의 금융지식을 돌아보며 반성하는 시간을 가질 수도 있을 것이다.

하지만 일단 열린 마음으로 좋은 금융 정보는 많이 얻되, 무료로 진행되는 데에는 그만한 목적이 있을 수 있다는 점을 알고 가야 한다. 게다가 그 자리에서 어떤 금융상품 가입이라도 권유받는다면 덜컥 가입하지 말고 신중해야 한다. 세미나의 고조된 분위기에 휩쓸려 가입해버리고 나면 나중에 후회할 가능성이 매우 높다.

대부분의 무료 재테크 세미나가 당신에게 금융상품 가입을 권할 것이다. 즉 여러분이 금융회사의 미끼를 물고 계속 끌려와주기를 바라는 것이다.

말 나온 김에 한마디 더 해보자. 왜 그들은 무료 세미나를 개최할 것 같은가? 정말 귀한 정보라면 왜 굳이 무료로 제공한단 말인가? 무료로 제공하는 데에는 다 그만한 이유가 있을 거라 생각되지 않는가?

무료나 싼 것을 너무 좋아하다가는 나중에 후회할 일이 많아진다. 정말 좋은 정보는 제대로 된 유료 강의에 참여하여 얻는 것이 바람직하다. 유료 강의인 경우 세미나를 준비하기 위해 그만큼 많은 노력을 기울였을 것이고, 더욱이 금융상품 가입을 권하는 일은 없을 테니 말이다.

내가 재무설계사로 일하고 있을 때의 일이다. 한번은 보험회사 무료 재무 세미나에서 우리 팀에게 강의 요청이 왔다. 그리고 강의 마지막에 참가자들에게 금융상품 가입을 유도해달라 했다. 원래 나는 그런 세미나를 별로 좋아하지 않는 데다가 상품 가입 유도 부분도 영 마음에 걸렸다. 하지만 워낙 부탁이 강해서 약속을 하게 되었다.

그런데 당혹스럽게도, 요청받은 금융상품이 하필 우리 팀이 고객을 위해서는 절대 판매하지 말아야 한다고 주장했던 바로 그 상품이지 뭔가. 우리는 난감해하다가 결국 그 상품이 아니라 고객에게 정말 도움이 되는 그 회사의 다른 상품을 설명해드렸다. 그 상품은 고객과의 신중한 상담이 필요한 것이어서 회사의 바람과 달리 그날 판매는 거의 이루어지지 않았다.

무료 세미나에서 권하는 그런 상품에는 덥석 가입하지 말자. 여러분이 굳이 미끼를 물 필요는 없으니까.

80
돈을 모으고 싶다면 변액으로 모아라

변액! 참 말이 많은, 보험회사가 만들어낸 투자상품이다. 변액에 대해서는 왜 이리 말도 많고 민원도 많을까? 한마디로 변액이 좋지 않은 상품이기 때문일 것이다. 그러니 당연히 이런 결과를 가져온 게 아니겠는가?

하지만 이것은 하나만 알고 둘은 모를 때 하는 말이다. **변액에는 무서운 기능 두 가지가 탑재되어 있는데 이걸 가동시키면 엄청난 힘을 갖게 된다.**

그럼 대부분의 사람들은 왜 그것을 모르는 걸까? **보험회사와 보험설계사, 재무설계사들은 자기에게 손해가 되거나 이익이 되지 않는 것에 대해서는 고객에게 말하려 하지 않는다.** 자기들이 말하고 싶어 하지 않는 것을 말하지 않고 있기 때문에 일반 사람들은 모를 수밖에 없는 것이다.

자, 그러면 변액의 비밀 두 가지에 대해 말해보자.

첫 번째, '펀드 변경 기능'이다. 이것은 어쩌면 변액의 가장 무서운 기능이라고 할 수 있다.

쉽게 이야기하면, 주식이 오를 때는 내 계좌 안의 자물쇠를 풀어서 금액이 주식의 상황에 따라 동반해서 오르게 하고, 주식이 떨어질 때는 내 계좌 안의 금액이 안 떨어지게 자물쇠를 잠글 수 있는 기능이다.

먼저 그래프를 보자.

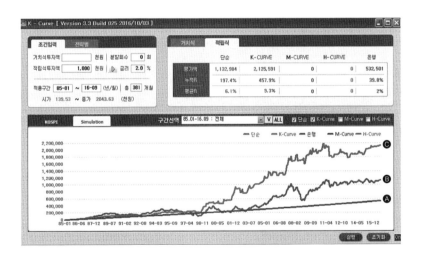

첫 번째의 ❹그래프는 일반적 저축을 한다고 가정했을 때.

두 번째의 ❸그래프는 펀드로 돈을 모은다고 가정했을 때.

세 번째의 ❹그래프는 변액에서 자물쇠를 풀고 잠그고 했을 때 어떻게 돈이 모이는지를 나타낸다.

Ⓐ, Ⓑ는 모두 인덱스에 투자한 경우를 가정한 것이고, Ⓒ는 직전 달 코스피가 양봉이면 주식형, 음봉이면 채권형으로 옮기는 단순한 규칙을 적용한 시뮬레이션이다. 변액에서 이러한 펀드 변경이 가능한 이유는 변경에 따른 수수료가 1년에 12회까지 무료이기 때문이다.

그래프만 봐도 변액에서 자물쇠 즉 펀드 변경 기능을 이용하면 다른 금융상품에 비해 얼마나 큰 금액을 모을 수 있는지 한눈에 알 수 있을 것이다.

그런데 보험회사나 재무설계사들은 이 기능에 대해 잘 설명하지 않는다. 이렇게도 좋은 기능을 말이다. 아주 소수만이 그것도 고객관리 능력이 있는 재무설계사들만이 이 기능을 매월 보고서를 통해 알려주는 게 현실이다.

하지만 그들도 고객에게 매달 자물쇠를 풀어라, 잠가라까지 말해줄 리는 없다. 그렇다면 방법은?

실제로 여러분이 변액에 가입하려 한다면 만나는 재무설계사에게 '펀드 변경 기능'에 대해 직접 물어보라. 그리고 매월 이렇게 펀드 변경에 대해 관리해주느냐. 그렇게 관리하고 있는 증거를 보여달라고 요구해라.

그렇게 해서 자물쇠 관리(펀드 변경)에 대한 능력이 검증된 재무설계사에게 변액을 가입하게 된다면 여러분은 큰 복을 받은 것이다.

두 번째, 변액에 탑재된 또 하나의 강력한 무기는 '추가납입' 기능이다.

변액의 단점은 수수료가 매월 납입하는 금액의 13~15퍼센트 정도로, 너무 비싸다. 이렇게 높은 수수료율을 내는 것이 말이 되는가? 그러니 당연히 좋지 않은 상품이라는 말이 나오는 것이다.

그런데 변액의 높은 수수료율 문제를 단번에 해결할 수 있는 방법이 있다. 바로 추가납입이다.

'추가납입'이란 기본적으로 매월 변액에 납입하는 금액 이외에 추가로 더 낼 수 있는 제도인데, 기본 매월 납입금액의 2배 정도까지 추가로 납입할 수 있다.

변액의 추가납입은 수수료가 아예 없거나 아니면 높은 것이 2퍼센트 정도이다. 예를 들어 수수료가 제로인 추가납입을 이용한다고 해 보자.

변액으로 매월 30만 원을 모으고 싶을 때 10만 원을 변액에 가입하고 20만 원을 매월 추가로 납입한다면 돈이 모이는 속도가 아주 빨라진다.

하지만 이렇게 강력한 추가납입 기능도 보험회사나 재무설계사는 잘 알려주려 하지 않는다. 왜일까?

보험회사는 보험료의 수수료가 이익의 기반이다. 하지만 추가납입은 수수료가 거의 발생하지 않는다. 이런 추가납입을 보험회사에서 좋아할 리 없지 않겠는가?

또한 재무설계사들도 보험상품을 판매함으로써 수입이 발생하는데, 추가납입에 대해서는 수입이 발생하지 않는다. 앞에 든 예에서 '30만 원의 변액'과 '10만 원의 변액+추가납입 20만 원'의 수수료는 세 배 이상 차이가 난다. 추가납입 20만 원에 대해 재무설계사에게 수수료가 발생하지 않는 것이다.

이런 이유 때문에 재무설계사들은 추가납입에 관해 고객들에게 잘 알려주지 않는다. 만약 여러분이 재무설계사라면 고객들에게 추가납입에 대해 설명할 것 같은가? 추가납입에 대한 수입이 한 푼도 생기지 않는데 말이다.

펀드 변경 기능과 추가납입 기능 이 두 가지를 변액에 적용하면 그 결과는 여러분이 상상하는 그 이상일 수 있다.

그러려면 먼저 능력이 있고 고객 관리가 탁월한 재무설계사를 만나야 하고, 추가납입을 적극 권유하는 재무설계사를 만나야 한다.

난 지금까지 수많은 금융상품을 접해봤지만 이 두 가지 기능을 적용한 변액보다 좋은 금융상품을 본 적이 없다. 하지만 변액 중에서도 변액 연금은 난 권하지 않는다.

81

각종 공제(共濟)회?
당신 자산이 언제 공제(控除)될지 모른다

공제회에서는 시중 은행에 비해 높은 금리와 다양한 혜택을 제공한다. 이는 충분히 매력적으로 다가오지만 이러한 혜택만을 보고 공제회에 많은 자산을 맡기는 것은 문제가 될 수 있다. 공제회의 리스크는 다음과 같다.

① 공제회는 공제회법에 의해 관리되기 때문에 회원과 공제회 간의 분쟁 발생 시 중재할 수 있는 조정기관이 없어서 회원이 보호받기 힘들다.

② 높은 금리를 제공하기 위해 무리하게 배팅 중이고, 대체 투자 투입 비중이 점점 높아지고 있다.

③ 전문 자산 관리 인력이 없다. 낙하산 인사가 많다 보니 전문적으로 공제회 기금을 관리할 수 있는 금융투자 경

력자의 비중이 낮아서 자금을 관리할 인력이 부족하다.

공제회의 높은 금리는 약속된 기간 동안(일반적으로 10~20년) 찾지 않았을 때만 지급이 보장된다. 중간에 찾으면 상대적으로 낮은 금액을 받게 되고 장기간 목돈으로 관리하면 위에서 언급한 리스크에 노출될 수 있다.

안전하지도 전문적이지도 않은 공제회에 돈을 맡기고 은행금리보다 약간 높은 이율을 노리느니, 차라리 제대로 관리할 수 있는 금융상품에 가입하고 거기에 추가납입을 하는 게 백번 나을 것이다.

또한 공제는 모두 다 금리형 상품인데 언제까지 시중보다 높은 금리를 지급할 거라고 생각하는가? 언젠가는 시중금리와 별 차이 없는 이자를 지급할 수밖에 없지 않겠는가?

나라면 변액상품에 가입하고 추가납입을 하여 2,000만~3,000만 원 정도를 모으고 그 금액을 찾아서 소형 아파트에 투자하겠다. 계속 이렇게 하다 보면 당신은 공제에서 지급하겠다고 말하는 금액의 수십, 수백 배의 수익을 얻을 수 있다.

아직도 공무원이나 교사들 중에는 공제에 대한 환상에서 벗어나지 못하는 분들이 상당히 많다. 그저 안타까울 따름이다. 그 환상 때문에 경제적으로 더 힘들어진다는 것을 그분들은 알까?

82

결혼 전, 결혼 후
어떤 보험을 준비할까?

1) 결혼 전 준비해야 할 보험

여러분이 지금 미혼이고, 당신에게 경제적으로 의지하고 있는 가족이 없으며, 소득이 있다면 간단한 건강보험만을 들어두어도 좋다.

여러분이 미혼인 경우, 꼭 필요한 보험을 다음과 같은 기준으로 준비하자. 월 납입액은 10만 원을 넘지 않는다.

① 화재보험사 상품으로 준비하라.

② 실손보험은 꼭 준비하라. 젊었을 때는 필요하다. 회사에서 해주어도 준비해라. 여러분이 언제 회사를 그만둘지 모르며, 그땐 가입을 못 할 수도 있다.

③ 보험금 500만 원 이하로 지급되는 특약은 넣지 않아도 좋다. 500만 원이 없어서 당신 삶이 크게 흔들리지는 않는다.

④ 사망보험금은 최소한으로 준비하라.

⑤ 주요 진단금은 모두 가입하라. 진단금은 약 2,000만~3,000만 원이 적당하다.

⑥ 입원 특약은 넣지 마라.

⑦ 가능한 한 모든 특약을 비갱신형으로 해라.

⑧ 납입기간은 20년 정도로.

⑨ 보장 기간은 90세 또는 100세 정도로 선택하라.

⑩ 일상생활 배상책임 특약을 꼭 넣어라. 아주 유용한 특약이니까.

2) 결혼 후 준비해야 할 보험

여러분이 지금 기혼이면, 미혼의 보험이 준비되어 있다는 것을 전제로 추가할 사항만 정리해보겠다.

미혼에 준비한 보험에다 하나만 추가하면 된다. 사망보험금을 당신의 소득 수준에 맞춰서 준비하라.

종신보험 또는 정기특약을 이용하여 자녀 중의 막내가 대학을 졸업할 나이까지는 최소 3억 원 이상의 사망보장이 준비되어 있어야 한다. 정기특약을 활용해 특정 기간만을 확실하게 보장해준다면 높지 않은 보험료로 큰 보장을 받을 수 있다.

나도 아이를 키우는 한 집안의 가장이다. 당연히 출장 중 비행기 착륙할 때 빼고 죽을 걱정은 안 하고 살지만, 사실 자식이 대학 졸업할 때까지 100퍼센트 안 죽으리라 장담할 수도 없다. 기본적인 사망보장은 가족에 대한 책임이다.

<u>사망보장은 생명보험사의 사망보장 상품(예를 들어, 종신보험)에 가입하길 권한다.</u> 화재보험사의 상품보다 보장 범위가 넓으며, 사망 전에도 위독한 상황엔 사망보험금의 일부를 선지급 받을 수도 있다. 하지만 CI 보험에 아무리 사망보장이 있다 하더라도 CI 보험은 절대 가입해서는 안 된다.

83

생명보험과 손해보험, 무엇이 다른가?

생명보험과 손해보험은 둘 다 보험이지만 성격이 다르다. 예를 들면, 같은 삼성 보험회사이지만 삼성생명이 있고 삼성화재가 있다. 여기에서는 간단하게 여러분이 보험을 선택할 때 필요한 기준만 이야기하겠다.

1) 사망보장

생명보험이 좋다. 종신보험은 생명보험사에만 있다. 화재보험사에 가입하면 최대 100세 만기로만 가입할 수 있다. 종신이 아닌 경우 정해진 나이를 넘으면 보험금을 받을 수 없다. 반면에 종신보험은 110세에 사망하든 130세에 사망하든 보험금을 받을 수 있다.

또한 생명보험이 보장 범위가 넓다. 2년 이내의 자살을 제외한 어떠한 사망이라도 받을 수 있다. 2년 후에는 자살을 해도 받을 수 있다는 이야기다. 화재보험사도 대부분의 사망을 보장하지만 생명보험사보다는 조건이 까다롭다.

2) 건강보험

화재보험이 좋다. 보통 여러분이 알고 있는 보험을 말한다. 암, 실비보험, 수술비, 입원비와 같은 건강 관련된 보험이다.

화재 보험사가 보장 범위도 더 넓고 보험료도 저렴한 편이다. 예를 들면 생명보험사는 뇌출혈을 보장하고, 화재보험사는 뇌졸중을 보장한다. 같은 것 같지만 큰 차이가 있다. 뇌출혈은 전체 뇌혈관 질환의 10퍼센트 정도만을 보장하고, 뇌졸중은 60퍼센트 가까운 범위를 보장한다. 보험료에 큰 차이가 없기 때문에 군이 생명보험사의 뇌출혈 특약에 가입할 필요가 없다.

또한 건강 관련 특약의 보장 기간도 생명보험보다도 화재보험이 더 긴 경우가 많다. 화재보험은 대부분 90세-100세까지 보장하지만, 생명보험은 대부분 80~90세까지 보장한다.

간단히 정리해보면, <u>사망보장은 생명보험사를 선택하고, 질병이나 사고 관련 보장은 화재보험사를 선택하여 조합하는 것이 가장 합리적이다.</u>

84
보험회사는 미친 듯이
갱신형 보험만 팔고 싶어 한다

보험을 가입할 때는 가장 먼저 특약이 갱신형으로 되어 있는지 비갱신형으로 되어 있는지 확인해야 한다.

1) 갱신형 보험

<u>갱신형은 1, 3, 5, 10년 등 정해진 주기로 계약 내용이 갱신되면서 보험료가 인상된다.</u>

보험회사로서는 시간이 지남에 따라 보험료를 계속 올리고 싶어 하기 때문에 갱신형 보험상품을 만들었을 것이다.

주기적으로 갱신되는 보험 인상폭은 아무도 모른다. 신도 모른다. 그저 모든 것이 보험사 마음인데, 그건 보험사도 모른다는 얘기다. 상황이 안 좋아지면 언제든 갱신되는 보험료를 높게 올릴 수 있다. 실제로 요즘 많은 보험사들이 보험을 갱신할 때 보험료를 너무 높게 올려서 신문과 뉴스에 크게 보도되기도 했다.

갱신형 보험은 80세, 100세 등 가입자가 보장을 원하시는 시기까지 끊임없이 보험료를 납부해야 한다. 젊어서 내던 보험료를 은퇴 이후에는 내기도 힘들 텐데, 계속 100세까지 납입해야 하고, 또한 엄청나게 보험료가 계속 오르기까지 한다. 과연 얼마나 많은 사람이 유지할 수 있을까 모르겠다.

보험회사가 이런 갱신형 상품을 만든 이유가 뭘까? 나이가 많아진 가입자가 아주 높은 보험료를 납입하게 하여 회사에서 이익을 챙기든지, 아니면 해약을 하게 해서 보험회사가 보장해줄 필요가 없게 만들려는 것이 아닐까?

갱신형 보험 가입자가 건강하게 은퇴한 경우 대부분은 "이제 아프면 죽어야지 뭔 보험이여. 먹고살기도 바쁜데!" 하면서 해약하는 경우가 많다. 해약할 확률이 굉장히 높다는 이야기다.

반대로 건강에 문제가 있는 경우는 어떻게든 더 가입하고 싶어 하지만 보험회사에서는 절대 가입시켜주지 않는다.

물론 갱신형이라고 나쁘기만 한 것은 아니다. 장점도 있다. 모든 금융상품은 다 장단점이 있다.

젊은 나이일 때 가입하면 갱신형 보험이 비갱신형 보험보다 보험료가 월등히 저렴하고, 보장도 더 크게 받을 수 있다. 따라서 젊은 사람이 일정 기간만 보장받기 원하는 경우, 예를 들어 보험은 필요한데 보험료가 부담스러운 대학생이나 사회 초년생은 갱신형이 더 유리할 수 있다.

2) 비갱신형 보험

보험을 제대로 준비해야 한다고 생각하고 처음 가입할 때는 갱신형보다는 비갱신형이 좋다.

특히 암, 뇌출혈, 심근경색, 수술비 같은 주요 특약은 갱신형으로 해놓으면 상승률이 높으므로, 가능한 한 비갱신형으로 가입하는 걸 권유한다. 처음에 비갱신형으로 100세까지 보장받을 수 있도록 가입하는 게 최고의 방법이다.

참고로, 모든 실손보험(실비보험)의 입원 및 통원 관련 사항은 모든 상품이 다 갱신형이므로 비갱신형을 선택할 수 없다. 하지만 **실손보험에서 특약은 비갱신형을 선택할 수 있으니 입원 및 통원 관련 사항 이외의 모든 다른 사항은 무조건 비갱신형으로 가입하기 바란다.**

혹시나 보험설계사가 갱신형으로 가입하는 게 좋다고 말한다면 끝까지 비갱신형으로 가입하겠다고 주장해라. 다시 말하지만, 보험회사 입장에서는 미친 듯이 갱신형만을 팔고 싶어 할 테니까.

85

환급형 보험이 좋은가,
소멸형 보험이 좋은가?

고객을 만나 보면, 여성들은 보통 환급형 보험을 좋아한다. 왠지 나중에 원금을 받으면 보험에 공짜로 가입한 듯한 느낌이 들기 때문이다.

먼저 간단히 각 용어의 뜻을 설명하면 아래와 같다.

- 환급형 : 만기 시에 납입한 원금 또는 일정 금액을 돌려준다.
- 소멸형 : 보장 기간이 지나면 납입한 원금을 돌려받을 수 없다.

의미만 보면 환급형이 좋을 것 같다. 하지만 한번 생각해보자. 보장 내용과 보장 기간이 같고 보험료가 같은데 하나는 환급형이고 하나는 소멸형일 수 있을까?

대답은 당연히 '노(NO)!'다. 이런 선택이 가능하다면 당연히 환급형을 선택하지 누가 소멸형을 선택하겠는가?

쉽게 설명하면, 환급형은 소멸형 상품에 몇만 원을 더 내고 만기에 원금을 돌려받는 것과 같다. 더 내는 만큼 보험사에 장기적금을 들고 있는 것이라고 보면 된다.

여러분이 40세이고, 보험료로 총 2,000만 원을 내고, 100세(보통 100세 만기 상품을 준비한다)에 환급받는다고 가정하고, 스스로에게 질문해보자.

60년 뒤에 원금 2,000만 원 받는 것이 의미가 있는가?(아마도 당신 자녀 또는 손주가 받을 것이다.) 그 2,000만 원이 지금의 2,000만 원과 가치가 같겠는가?

각자 어떤 답을 갖고 있을지 알 수 없지만 60년 뒤 만기 환급금은 당신 또는 당신 배우자가 쓰지 못할 것이고, 그때 받는 2,000만 원은 아마도 지금 돈 500만 원의 가치도 안될 것이다.

소멸형은 보험료가 아주 저렴하다. 쓸데없이 환급형으로 가입하지 말고 보험료를 최소화하는 소멸형으로 가입하도록 하자.

86

보험에서 사망보장이 필요한가?

나 죽으면 나오는 보험금! 그게 필요할까? 주변에 당신을 믿고 의지하는 사람이 있다면 **사망보장은 꼭 필요하다. 여러분이 경제적으로 한 가정의 가장이라면 더욱 필요하다.**

혹시 나는 전업주부이기 때문에 사망보장이 필요 없다고 생각한다면, 전업주부는 전혀 가정에 보탬이 안 된다고 생각하는 것과 같다. 그 일을 누군가에게 맡긴다면 급여를 얼마나 주어야 할 것 같은가? 적어도 그만큼의 보장은 필요하다.

그래도 "나 죽으면 뭔 상관이야?" 하는 생각이 든다면 이 챕터는 보지 말고 바로 넘기기 바란다.

예를 들어, 내가 죽고 나면 가족에게 바로 3억 원이 지급되고 월 200만 원씩 자녀가 대학을 졸업할 때까지 내 이름으로 아내의 통장에 입금된다. 혹시 내가 잘못되어도 자녀가 어떻게든 대학은 다닐

수 있지 않을까 싶다. 또한 여러분만 믿고 살아가는 가족을 경제적
으로 힘들게 하지는 말아야 할 것 아닌가?

사망보험, 이것이 은근히 마음 한구석의 짐을 덜어준다. 누
구나 언제 어떻게 세상을 떠날지 모른다.

"보험은 보험사만 배부르게 해주는 상품이고 보험에 가입하
는 순간 손해다. 난 절대 보험 가입 안 한다."

이렇게 말하는 사람도 있다. 물론 맞는 말이다. 보험은 보험사
배부르게 해주는 곳이다. 보험사는 공공기관도 아니고 비영리
단체도 아니다. 당연히 수익이 되는 상품만을 판매한다.

보험회사가 그리도 못마땅하다면 여러분이 1인 보험사라고
가정해보자. 한 40대 남성 가장이 이런 제안을 한다.

"제가 당신에게 60세까지 매달 6만 원씩 줄 테니 제가 60세
전에 사망하면 제 가족에게 즉시 2억 원을 주세요. 60세 전에
사망하지 않으면 안 돌려주셔도 됩니다."

여러분이라면 6만 원씩 받으면서 이런 제안을 수락하겠는
가? 그 가장은 6만 원만 낸 직후 사고로 사망할 수도 있고, 심
지어 자살을 해도 2억 원은 지급해야 하며, 사망 이후엔 남은
기간의 보험료도 받을 수 없다. 나라면 할 수 없을 것 같다.

보험회사가 어느 정도 규모가 되고 배가 불러야 오랜 시간이
지나도 보장을 받을 수 있으며, 합리적인 비용에 보장을 받을
수 있다. 단순히 보험회사가 밉다고 보험도 미워하지 말고 이
부분을 꼭 생각해봤으면 한다.

87
종신보험이 좋은가,
정기보험이 좋은가?

사망보장은 보험료도 중요하지만 보장금액이 중요하다. 일단 가장이라면 사망보장금액은 3억 원 정도는 기본으로 있는 것이 좋다.

물론 여러분이 항상 통장에 3억 원 이상을 쌓아두고 살거나 자산이 충분한 사람이라면 필요 없다. 하지만 생활비 쪼개서 대출 갚고, 연금 부어가며 살고 있는 가장이라면 3억 원 이상은 필요하다.

이때 종신과 정기를 잘 조합하는 것이 중요하다. 종신보험으로 3억 원을 준비하는 것은 보험료가 높아 굉장히 어렵기 때문이다.

반쯤은 농담이지만, 종신보험으로 사망보장금액을 준비한다면 보험료 붓다가 부부 싸움하고 이혼할지도 모른다. 여러분이 40대에 사망보장 3억 원 정도의 종신보험에 가입한다면 보험료가 60만 원이 넘어갈 테니까. 미래의 알 수 없는 위험을 위해 현재를 위험하게 만드는 것은 어리석은 짓이다.

그래서 필요한 것이 정기보험이다. 종신보험은 여러분이 90세에 사망하든 100세에 사망하든 무조건 지급된다. 하지만 정기보험은 일정 기간만을 보장한다. 그 보장 기간의 합리적 기준은 당신의 자녀 중에 막내가 대학을 졸업하는 시점 정도가 적당하다.

당신의 소득 수준을 고려하여 가입할 수 있는 종신보험에다 나머지 금액을 정기보험으로 준비하길 바란다. 이때 보험 선택에서 중요한 것은 언제든 정기보험을 종신으로 전환할 수 있어야 한다는 것이다.

예를 들어, 정기보험이 60세까지 보장하는데 58세쯤 암 판정을 받았다고 하자. 나으려고 열심히 노력이야 하겠지만 5년 뒤를 보장하기는 쉽지 않다.

이때 종신보험으로 전환할 수 있는 기능이 있다면, 당신의 현재 건강상태와 관계없이 전환할 수 있다. 전환하고 나면 정기보험의 보장 기간이 끝난 후에도 계속 보장을 받을 수 있다.

88

암 보장은 어느 정도가 적당한가?

암보험은 의사로부터 암 진단을 받았을 때 보험회사가 약속한 금액을 지급하는 보험이다. 적게는 1,000만 원에서 5,000만 원 정도가 지급된다. 다음 장에서 자세히 설명할 CI 보험을 제외하고, 대부분의 암보험은 의사 진단만 떨어지면 병의 경중에 상관없이 바로 지급해준다.

그렇다면 암보험 가입액은 어느 정도가 적당한가? 암에 대한 가족력이 있는 경우(가족력이 있는 경우는 넉넉히 들어놓는 것도 좋다)를 제외하고 이야기해보겠다.

암 치료비는 생각보다 많이 필요하지 않다. 수술비도 생각보다 많지 않고, 입원 기간 또한 그다지 길지 않다. 의료 수준이 높아지기도 했고, 워낙 암 환자가 많아서 한 환자에게 오랫동안 의료 서비스를 제공해줄 수 없는 것도 하나의 이유다.

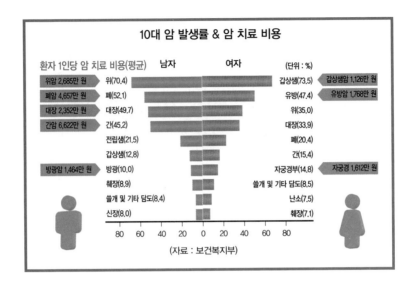

　　우리나라는 현재 국민건강보험에서 병원비의 많은 부분을 처리해 주고 있고, 나머지 병원비의 거의 대부분은 실손보험으로 처리할 수 있다. 여러분이 1~3만 원 수준의 실손보험에 가입한 상태라면 의료비는 걱정할 것이 없다.

　　그런데 왜 암보험에 가입하는가? 실제로 많은 사람들이 암보험에 가입하는 이유는 병원비 또는 치료비 걱정보다 암 치료 이후 생활비 문제 때문이다.

　　한국 사회에서 암 진단 후 지속적으로 회사 생활을 할 수 있는 사람이 얼마나 있겠는가? 몇몇 전문직이나 공무원을 제외하고는 쉽지 않은 일이다.

　　암보험은 암 치료를 위해 수입이 끊기거나 줄었을 때 1~2년 정도 생활할 수 있겠다 싶을 정도의 보장금액을 준비해 놓는 것이 합리적이다.

젊은 사람들의 경우 2,000만~3,000만 원이 적당하겠고, 지출이 많은 사람들 같은 경우 4,000만~5,000만 원을 준비할 수도 있다. 각자의 현재 경제적 상황과 생활 수준을 판단하여 스스로 결정하면 된다. 항상 통장 잔고가 1억 원 이상 유지되며, 형편이 넉넉한 사람은 굳이 암보험에 가입할 필요가 없겠다.

그런데 홈쇼핑 등 여러 매체를 통해 나오는 광고를 보면, 일반적으로 암에 걸리면 1억 원 이상, 아주 크게 가입해야 할 것 같지 않은가. 하지만 이것은 과대광고다. 물론 여유가 있으면 크게 가입해도 되겠지만 일반적인 서민들이 그렇게까지 가입할 필요는 없을 것 같다.

암에 걸리면 엄청난 금액이 필요할 거라는 생각을 할 필요가 없는 세상에 여러분은 살고 있는 것이다. 우리나라 국민건강보험 제도가 다른 나라에서 부러워할 정도라고 하지 않던가? 암보험 보장금액은 너무 크게 가입하지 말자.

89

CI 보험, 넌 도대체 누구 편인데?

CI 보험은 가장 악성 보험이라 할 만하다. 물론 고객이 CI 보험에 대해 제대로 파악하고 선택했다면 문제가 없지만, 이 보험의 가장 큰 문제는 고객도 이 상품에 대해 모르고, 심지어 설계사들조차 잘 모르고 고객에게 가입을 권유하는 경우가 많다는 것이다.

"사망보장 다 되고, 암 같은 거 보장 다 되고, 아무튼 다 되고, 나중에 다 돌려받아요."

잘 모르는 설계사들은 이렇게 설명한다. 이런 말을 듣고 가입한 보험이면 대충 CI 보험이겠구나, 생각하면 된다.

CI는 'Critical Illness'를 줄여 부르는 명칭인데, 'Critical'을 번역해서 쓸 때, 질병과 관련된 의미라면 '위태로운' 또는 '치명적인'과 같은 표현을 써야 함에도 불구하고 보험사는 '중대한'이라는 보다 포괄적이고 완화된 느낌의 단어, 즉 '애매모호한'이란 의미를 선택했다. 보다 넓은 범위를 보장해준다는 느낌을 주기 위해서였을 것이다.

바로 여기에 CI 보험의 큰 문제가 도사리고 있다. 예를 들어, CI 보험에서 보장하는 암은 그냥 암이 아니라 '중대한' 암이다. 그렇다면 중대한 암이 아니라 보통 암은 보험금을 받기 힘들다는 뜻인가? 맞다. 낮은 확률이지만 못 받을 수도 있다.

보험사의 약관에서 정한 조건에 맞는 '중대한' 암이 아니면 보험금은 지급되지 않는다. 다른 주요 질병들도 마찬가지다. 타 상품이 뇌출혈을 보장해주는 데 반해 CI 보험은 '중대한' 뇌출혈만 보장한다.

뭔가 문제가 있다는 느낌이 오지 않는가? 군이 보험사에서 중대한이라는 단어를 왜 붙이겠는가? 같은 암, 뇌출혈, 급성심근경색이라도 일반적인 보험에선 어떠한 조건 없이 그 병에 걸렸다면 바로 보험금이 지급되지만 CI 보험에선 지급되지 않을 수 있다는 것이다.

지금 당장 당신의 보험증권을 살펴보기 바란다. 보험명에 'CI'라고 적혀 있거나, 보험명에 'CI'라고 적혀 있지는 않지만 약관 또는 증권 내용 중에 '중대한 질병'과 같은 표현이 보인다면 CI 보험이다. 믿을 만한 설계사를 찾아 이 보험에 대해 올바른 것인지 꼭 상담해보길 권한다.

CI 보험은 광범위하게 많은 질병을 보장해주는 올바른 보험상품이라기보다는 일반 사망보험보다 조금 더 받기 쉬운 사망 보험이라는 표현이 더 맞을 수도 있을 것 같다.

게다가 이 CI 보험은 매달 내야 하는 보험료도 일반 사망보험보다 훨씬 더 비싸다. 보험 가입의 필요성에 대해서는 여러분 모두 알고 있겠지만 이런 보험만은 권하고 싶지 않다.

90

보험사와 증권사는
무엇으로 이익을 남기나?

여의도, 강남을 다녀보라. 거대한 빌딩이 많이 보일 것이다. 그중 상당수는 금융권 회사 건물들이다. 도대체 보험사나 증권사는 무엇으로 돈을 벌고 있는가? 누구나 한 번쯤 궁금했던 적이 있었을 것이다.

나도 이들 회사의 본사 직원이 아니므로 자세한 수익 모델은 모른다. 대신 여러분보다 조금 더 아는 바를 몇 가지 이야기하고자 한다.

1. 금융상품의 수수료다. 보험회사가 판매하는 대부분의 장기 저축상품 및 연금상품, 10년 만기 저축상품 등의 수수료는 10퍼센트 이상이다. 예를 들어, 이런 저축상품에 여러분이 매월 10만 원씩 납입한다면 회사는 여기에서 1만 원 이상을 수수료

로 가져간다. 이렇게 높은 수수료 체계를 알면 저축 또는 연금에 가입하는 사람이 얼마나 될까 싶다.

2. 이런 **저축형 상품에 가입한 고객이 납입한 돈을 보험회사는 나름대로 운영하여 수익을 올린다.** 보험회사에서 여러분에게 3퍼센트대의 수익을 준다면(이것은 보통 수수료를 제외한 나머지 금액에 대한 수익률이므로 실제 수익률은 그보다 많이 모자란다.) 회사는 여러분의 돈을 투자하여 3퍼센트보다 훨씬 더 많은 소득을 거두고 있다.

어쩌면 회사는 돈은 한 푼도 들이지 않고 고객의 돈을 갖고 자기들이 운영해서 이익을 내고, 고객에게는 약간의 이익을 줄 뿐 거의 다 회사가 차지하는 개념이다. 혹시 손실이 난다 해도 그 손실은 거의 다 우리 같은 고객이 떠안는 것이지 회사의 손실은 거의 없는 구조가 되지 않을까?

3. **펀드의 경우, 수익을 내든 못 내든 매월 꾸준히 운용 수수료를 받아 챙긴다.** 어떤 악덕 펀드는 펀딩된 자금으로 수수료를 많이 받기 위해 계속 주식을 사고판다. 주식을 이렇게 사고팔 때마다 환매 수수료가 발생하기 때문이다. 즉 주식 사고파는 횟수가 많아질수록 그들의 수익은 더 커진다. 몇몇 악성 매니저는 삼성전자 주식을 1시에 샀다가 2시에 팔고 바로 사고 또 팔고 한다. 그게 우리로서는 뭐하는 짓인가 싶지만,

사고판다는 것은 증권사에게 제공해야 할 막대한 환매 수수료를 여러분의 돈으로 계속 주고 있다는 것이다. 그것이 또 펀드매니저의 수익이 된다. 정말 기가 찬 이야기 아닌가? 하지만 이러한 악덕 펀드들이 우리나라의 펀드에 굉장히 많다는 사실을 여러분은 아는가?

물론 보험사 또는 증권사가 수수료를 위해 영업을 한다고 해서 그들의 상품이 모두 다 나쁘다는 뜻이 아니다. 여러분이 직접 하지 못하는 금융 서비스를 전문가로서 제공해주는 데 대한 비용이라고 생각하면 된다.

상품의 속을 잘 들여다보고서 여러분에게 맞는 상품을 선택하고, 여러분이 내는 비용 이상의 더 큰 만족을 얻어갈 수 있는 상품을 찾는다면 당연히 합리적인 선택이 될 수 있는 것이다.

무조건 금융사를 수수료 도둑으로 치부하고 멀리하는 것 또한 좋은 선택은 아니다. 대신 여러분이 좋고 나쁨을 따질 수 있는 능력을 갖추는 게 가장 중요하지 않을까 싶다.

실력 없는 사람은 실패했을 때 남들을 욕하고, 실력 있는 사람은 실패했을 때 자기 자신을 반성한다고 한다.

91

보험 해지에도 순서가 있다

요즘 경기가 너무 어렵다고들 한다. 사람마다 저축은커녕 현재 생활을 유지하기도 힘들다고 한다.

경기가 안 좋을 때 사람들이 가장 먼저 저축을 줄이고, 맨 마지막으로 고려하는 게 보험인데, 2016년 상반기 보험업계 해지환급금 지급액이 14조 원을 넘어갔다. 이대로라면 2002년 이후로 보험해지율이 최고로 높아질 것으로 예상된다. 그만큼 갈수록 서민들의 삶이 팍팍해지고 있다는 얘기다.

보험은 중간에 해지하면 손해가 크므로, 어쩔 수 없이 해지해야 한다면, 좀 더 영리한 방법을 찾아야 한다. 이렇게 보험상품을 정리하고도 남은 보험료의 부담이 크다면 좀 더 효과적으로 유지할 수 있는 방법을 생각해 보자. 즉 유지하기로 한 상품에 대해 보험료를 줄이거나, 보험료를 더 내지 않고 유지할 수 있는 방법을 생각해 보자. 보험의 해지도, 유지도 똑똑하게 해야 한다.

1) 보험 해지 순서

❶ 보장성 상품보다 저축성 상품부터

연금이나 저축보험 같은 상품을 먼저 뒤져보자. 보장성 보험의 경우 중도에 해지하면 재가입이 어렵고, 보험료도 비싸지기 때문에 경제적으로 어렵더라도 유지하기를 권한다. 특히 40대 이상인 경우는 보험료 상승폭이 더 커지므로 좀 더 신중을 기해야 한다.

❷ 이자율이 높은 상품(오래된 계약)보다 낮은 상품부터

과거 금리가 높던 시절의 보험상품은 예정이율이 높으므로, 요즘보다 보험료가 훨씬 저렴하다. 예전 보험상품에는 예정이율이 9~10퍼센트인 것도 있다. 요즘 같은 때 이자율 10퍼센트, 투자수익률 10퍼센트면 얼마나 좋은가? 그런 상품은 남겨두고, 이율이 4~5퍼센트라면 물가 상승 정도라고 생각하면 되니 아깝다고만 생각하지 말고 과감하게 해지해도 될 것 같다.

❸ 보장 내용이 중복 가입된 상품부터, 보장 기간이 짧은 것부터

보험증권에서 보장 내용이 중복된 것은 하나만 남겨놓고 특약을 삭제해도 된다. 단, 보장 기간이 더 긴 것을 남겨놓는다. 예전에는 건강보험의 만기가 70~80세인 경우가 많은데, 요즘은 100세 시대이므로 보장이 길어야 한다.

2) 보험료를 더 내지 않고 유지하는 방법

❶ 보험료 자동대출납입 제도

보험료 자동대출납입 제도는 종신보험이나 보장성 보험이라면 지금까지 쌓인 해지환급금 내에서 보험료가 자동으로 이체되는 것이다. 이 제도는 보험계약 대출이기 때문에 보험료 금액에 대한 대출이자를 부담해야 한다.

❷ 감액 제도

감액 제도는 보험료 부담을 줄이기 위해 보장의 크기를 낮추는 것이다. 암보험은 예전의 상품이 보장되는 암이 더 많을 수 있다. 이런 경우 없애는 것보다 감액해서 유지하는 것이 낫다.

❸ 감액완납 제도

감액완납 제도는 더 이상 보험료를 내지 않고, 납부한 보험의 해지환급금 기준으로 보장을 낮춰 기존 보험의 보험 기간까지 보장해주는 제도다.

❹ 연장 정기보험

연장 정기보험은 더 이상 보험료를 내지 않고, 보장의 크기는 그대로 유지하면서, 해지환급금을 기준으로 보험 기간을 줄이는 방법이다.

요즘에 기존의 종신보험을 깨고 정기보험으로 다시 가입하는 경우도 많은데, 이 제도를 활용하면 더 이상 보험료를 부담하지 않아도 되고, 보험사의 초반 사업비도 이미 지불한 금액이므로 손해 보고 해지하는 것보다 더 유리하다고 본다.

92

묻지도 따지지도 말고
들지 말아야 할 보험?

케이블 TV를 보다 보면 유명 연예인들이 나와서 아무것도 묻지 않고 보험에 가입시켜준다고 광고를 한다. 보험료도 굉장히 저렴하다.

이러한 보험의 주요 고객층은 병력이 있거나 현재 질병을 앓고 있는 노년층이다. 이런 분들은 보통 보험에 가입하고 싶어 하지만 일반적인 보험엔 가입하기가 굉장히 힘들다. 묻지도 따지지도 않는 보험은 이 부분을 노린다.

묻지도 따지지도 않는 보험은 묻지도 따지지도 말고 가입하지 마라. 제발 부탁이다.

묻지도 따지지도 않는다는 것은 말 그대로 당신의 나이, 성별, 갖고 있는 질병 등에 상관없이 일단 가입시켜주겠다는 것이다. 과연 이런 보험이 20~40대의 건강한 사람이 가입할 만

한 보험일까?

당연히 아니다. 묻지도 따지지도 않기 위해 보험사는 지극히 비싸고 지극히 보장 범위가 좁고 보장금액이 작은 보험을 만들어냈다. 이것이 묻지도 따지지도 않는 보험이다. 간단히 말하자면, 다음 장에서 언급할 입원 특약 같은 것으로만 구성된 보험이라고 보면 된다.

묻지도 따지지도 않는 보험에 가입할지 말지 고민하지 않으려면 한 살이라도 젊고 건강할 때 당신에게 맞는 좋은 보험을 준비해두길 바란다.

93

당장 한 달에 1~2만 원
추가 소득을 거두는 방법

아마 이 책을 읽는 여러분은 대부분 보험에 가입했거나 앞으로 어떤 보험에 가입할 예정인 분도 있을 것이다. 만약 그렇다면 보험에서 입원 특약을 없애라. 그리고 향후 보험 가입 시 입원 특약을 아예 넣지 마라.

입원 특약은 질병 또는 상해로 병원에 입원했을 때 입원한 지 4일 이후부터 '입원일수×1~5만 원' 정도를 받을 수 있는 특약이다.

그런데 이 특약이 의외로 비싸다. 보통 월 1~3만 원 정도의 보험료가 입원 특약을 위해 빠져나간다. 하지만 여러분이 암으로 병원에서 수술을 받는다면 며칠이나 입원할 것 같은가?

환자 입원 2주 넘어가면 병원서 '작업' 들어간다
〈한겨레신문〉 2012. 5. 31.

앞의 신문 기사 제목대로 병원에서는 환자를 오래 입원시키려고 하지 않는다. 의료 기술이 좋아졌기 때문이기도 하지만, 한 환자가 오래 입원해 있는 것은 병원 수익 면에서도 좋지 않기 때문이다. 빨리 큰돈이 되는 수술이나 치료 환자를 새로 받는 것이 낫기 때문이다.

매달 2만 원 정도의 입원 특약 보험료를 내고 암 정도는 걸려야 1~2주쯤 입원하는 것이 입원 특약의 실태다. 3만 원씩 2주 받으면 얼마인가? 기껏해야 50만 원쯤 받으려고 그 비싼 보험료 더 내고 있다는 거다.

그렇다면 왜 이렇게 입원 특약은 비싼가? 보험사 수익 때문이기도 하고, 나이롱 환자들이 많기 때문이다. 별로 많이 아프지도 않으면서 병원 가기 좋아하는 사람들 때문에 입원 특약이 비싸지고 있다.

그런 의도가 없다면 지금 당장 입원 특약은 빼도 좋다. 매월 그 돈으로 책 한 권이라도 더 사서 읽기 바란다.

94

치아보험은 꼭 필요한가?

하루 세 번 3분씩 열심히 이를 닦고, 딱히 단것을 좋아하지도 않는데 자꾸 이가 썩고 아픈가?

치아 관리를 열심히 하는데도 치아가 잘 썩어서 고통받는 사람들이 있다면 치아보험에 가입해도 좋다. 그런 사람이 아니면 굳이 치아보험에는 가입할 필요 없다.

일단 치아보험은 내는 보험료에 비해 받는 보장금액이 굉장히 적다. 차라리 치아보험용이라 생각하고 통장에 200만 원 정도 넣어둔 채 잊고 살다가 임플란트나 돈 많이 드는 치료를 받아야 할 때 꺼내 써라.(물론 200만 원이 그때까지 통장에 남아 있을 확률은 굉장히 낮겠지만.)

보험이라는 것은 여러분이 도저히 감당하기 힘든 일을 당할 때를 대비해서 가입하는 것이다. 그래서 사망보험이나 암보험

같은 것은 조금 비싸더라도 의미가 있지만 기껏 100만~200만 원 받자고 보험에 가입하는 것은 의미가 없다.

치아보험에 가입하는 사람들은 가입하면 보험료 내는 것보다 많이 받겠다는 욕심이 있는 경우가 많다. 하지만 상대는 보험사다. 그런 욕심은 버리는 것이 현명하다.

내가 보험사에서 설계사로 일할 때 주변 동료 설계사들 중에 치아보험에 가입한 사람은 아무도 없었다.(보통 보험사 영업사원들은 많은 보험에 가입하고 있다.)

다시 한 번 말하지만, 위에 언급한 경우가 아니라면 치아보험에 가입하지 말고 좋은 책 한 권 더 사서 읽기 바란다.

95

국민연금 넌 도대체 어떤 놈이냐?

윗글은 2060년이 되면 국민연금의 인상률이 20퍼센트가 넘는다는 기사다. 당장 내년 일도 모르는데 60년 뒤의 일을 어떻게 알 수 있겠는가. 다만 <u>유추해볼 수 있는 것 하나는 2060년 나라에 국민연금 지급할 돈이 없어진다는 것이다.</u> 그래서 연금 인상률이 엄청나게 높아지고 있다.

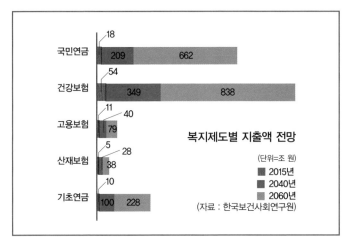

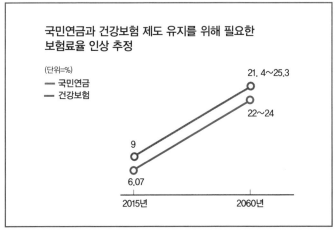

다음은 국민연금공단 홈페이지에서 발췌한 글이다.

"국가가 망하지 않는 한 반드시 받는다. 기금이 다 떨어지면 그 해에 필요한 재원을 걷는 부과 방식으로 진행된다. 선진 복지국가들도 초기에는 기금을 적립하다가 연금 제도가 성숙되면서 부과 방식으로 바꾸어 진행했다. 전 세계에 연금 지급을 중단한 예는 한 곳도 없음."

이 글에서는 반드시 지급한다는 자신감이 느껴진다. 하지만 연금공단에서도 어느 정도는 예상하고 있는 것으로 보인다.

적립금액은 고갈될 것이고, 언젠가는 그때그때 필요한 재원을 걷어서 지급하는 부과 방식으로 변경될 것을 예상하고 있다. 젊은 층에게 세금을 걷어 노년층에게 지급하겠다는 것이다. 제대로 지급될 것이라 생각하는가?

여러분도 예상하겠지만 절대 아니다. 지금 여러분이 국민연금공단 홈페이지에서 계산해본 후, 지급받는다고 하는 연금의 50퍼센트 정도만 받아도 성공 아닐까? 또는 여러분이 그동안 납입한 원금만 다 받아도 성공이라 할 수 있을 것 같다.

요즘 젊은 사람들 중에 국민연금 믿는 사람이 얼마 없는 것으로 알고 있다. 참 다행스러운 일이다. 이 글을 통해 그것이 사실이라는 것만 한 번 더 확인하고 넘어가자!

96

연금보험에 노후를 맡기지 마라

20대 후반부터 길어 봐야 50대 후반까지 30년 정도 일하고 약 40년을 노후 자금으로 생활해야 하는 시대가 됐다.

물가상승률을 고려하지 않고 계산해도 한 달 생활비 200만 원이면(병원비 포함) 은퇴할 때 9억 6,000만 원이 있어야 한다. 가능하겠는가? 최소 100만 원씩만 쓴다 해도 5억 가까운 돈이 필요하다. 이 정도는 가능하겠는가? 딱히 투자를 하지 않는 대한민국의 근로소득자가 노후 준비를 하려면 허리띠를 졸라매야 한다. 아주 꽉!

노후 자금을 모으는 데 가장 대중적인 방법이 바로 연금이다. 아마 주변의 많은 사람들이 연금에 가입하고 있을 것이다. 이 연금이라는 게 여러분이 생각하는 것보다 악성이다.

연금은 상당히 오랜 시간 동안 보험료를 납입해야 한다. 최소 10년 이상의 기간 동안 보험료를 납입해야 하는데. 실제로 연금을 만기까지 꾸준히 완납하는 사람이 드물다. 많은 사람이 중간에 해약하고 손해를 보고 있다.

연금보험은 수수료가 상당히 높다. 대부분의 **연금 수수료는 월 납입금액의 10퍼센트가 넘는다. 그렇다면 이보다 높은 수익률을 내야 이익을 볼 수 있는데, 가능할까?**

연금은 금리형 연금과 변액 연금 두 가지가 있다.

금리형 연금은 현재의 금리에 따라 돈이 쌓이는 원리이다. 그런데 한번 생각해보자. 지금의 저금리 현상이 나중에 크게 바뀔 거라 생각하는가? 절대 아닐 것이다. 저금리는 이후에도 계속 지속될 것이다. **지금과 같은 저금리 기조에서는 금리형 연금으로 아무리 여러분이 열심히 노후를 준비한다 해도 정말 쥐꼬리만큼의 연금을 받게 되어 있다.**

또한 금리형 연금은 최저보증이율이 낮다. 최저보증이율이라는 것은 보험회사에서 "아무리 못 준다 해도 이만큼은 꼭 줄게!"라고 약속한 이율이다.

가입한 지 10년 이후 보험회사에서 말하는 최저보증이율은 보통 1~1.5퍼센트 수준이며, 현재는 1퍼센트 미만 이율의 상품이 나오고 있다. 여러분은 이게 높다고 생각하는가? 물가가 1년에 평균 4퍼센트 정도 오른다고 가정했을 때 이러한 이율은 여러분이 어렵게 노력해서 모은 돈을 까먹는 결과를 가져온다.

아무리 최저보증이라도 그렇지 1~1.5퍼센트가 뭔가?

이 정도의 이자를 목적으로 연금에 가입한다면 이것은 미친 짓이다. 매달 10만 원을 연금 보험료로 내면 나중에 연금으로 받는 금액은 겨우 짜장면 한 그릇이나 사먹을 수 있는 정도일 것이다.

변액 연금은 주식 상황에 따라 투자를 해서 돈이 쌓이는 구조다. 당연히 주식 상황이 나쁘면 손해를 볼 수도 있고, 주식 상황이 좋으면 이익을 볼 수 있는 구조이다.

난 주식 상황이 나중에 좋아진다 나빠진다 하는 이야기는 못 하겠다. 내가 신이 아닌데 그것을 어떻게 알겠는가?

다만 변액 연금이라는 것은 돈이 모일 때는 투자형 상품의 성격을 갖지만 정작 나중에 연금을 받을 때는 다시 금리형 상품으로 바뀌는 경우가 대부분이다.

처음 돈이 모일 때는 주식 상황이 좋아서 아주 많이 모였다고 해보자. 그런데 막상 55~60세가 되어 연금으로 받을 때는 이것이 그때의 이율로 계산이 되어서 받을 수 있는 연금 액수가 상당히 적어진다.

변액상품이라는 것이 원래 주식 상황이 좋을 때 동반해서 수익을 많이 내고자 만들어진 상품이다. 그런데 변액의 이 원리와 다르게, **변액 연금은 안정성을 갖춰야 한다는 이유로 최대 50퍼센트까지밖에 주식에 투자할 수 없게 만들어놓은 상품이 대부**

분이다. 즉 쌓여 있는 돈의 100퍼센트 주식 투자를 아예 할 수 없게 되어 있다.

예를 들어, 어떤 바이크는 시속 100km로 달리는데 변액 연금이라는 바이크는 50km로 달릴 수밖에 없다면 나중에 얼마나 큰 차이가 날 것 같은가? 50km의 구조는 돈이 크게 쌓일 수 없게 만든 구조라는 점이 큰 단점이다.

일반적인 연금상품의 연금액을 계산하는 데 있어 가장 중요한 요소는 바로 이율이다. 그런데 연금 수령 시 금리가 저금리여서 이율을 1퍼센트로 산정해서 준다면? 그 금액이 얼마나 되겠는가?

금융회사는 내 목돈을 갖고 굴리면서 엄청난 수익을 올리지만 그들은 나에게 겨우 1퍼센트씩 준다는 것인데……, 그 금액은 아마 껌값 수준일 것이다.

게다가 연금 받는 수령나이도 종신토록 받겠다, 죽을 때까지 받겠다 하면 실제로 보험회사는 60세부터 116세(보험사의 설계기준 나이)까지 산다고 가정해서 내 목돈을 116세까지 매월 조금씩 나누어준다.

그런데 만약 내가 85세에 죽는다면, 내가 못 받은 그 많은 금액은 어떻게 될까? 금융회사 것이 되어 막대한 이익을 가져가 버린다.

그래서 연금을 가입하면 안 된다는 것이다. **금융회사는 연금**

이라는 상품으로 당신의 피를 빨아먹고 산다.

그 밖에도 연금보험의 단점은 상당히 많다. 보험회사야 연금을 가입해야 한다, 노후를 준비해야 한다면서 고객에게 연금 가입을 미친 듯이 권유한다. 하지만 대부분의 사람에게 연금은 그다지 권유할 만한 노후 대비 수단은 되지 못한다. 보험회사의 연금 광고에 절대 속지 말자.

97
수익률이 낮은 연금저축을 연금 펀드로

연말이 되면 회사원들은 연말 정산에서 유리한 고지를 점하기 위해 소득 공제나 세액 공제되는 상품에 대한 정보를 찾아보곤 한다. 그러나 정작 이미 가입한 상품에 관하여 다시 살펴보지는 않는 것 같다.

예전에는 소득 공제 혜택을 받을 목적으로 연금저축에 많이 가입했다. 하지만 이제 세액 공제로 바뀌어서 근로소득이 낮은 사람은 혜택을 많이 받지만, 근로소득이 높은 사람은 혜택이 많이 줄어들었다. 그렇다면 이제 다른 방법으로 연금저축 상품을 탈바꿈시킬 방법을 찾아야 한다.

대부분 은행이나 보험사에서 가입한 연금저축 상품은 금리형 상품이다. 연금저축이 예전에 가입할 때는 금리가 높았지만, 이제 금리가 낮아져서 세금 혜택이 줄어든 만큼 좀 더 수익을 투자상품으로 변화시키는 것이 물가 상승을 고려한 투자 방법일 수 있다.

연금저축을 중도 해지하면 소득 공제나 세액 공제를 받았던 것을 토해내야 하는데, 현재 기준으로 해지환급금의 16.5퍼센트를 기타소득세로 내야 한다.(2013년 이전 가입은 22퍼센트) 소득 공제나 세액 공제를 받지 않았다면 원금이 아니라 이자나 투자수익에 대해서만 16.5퍼센트를 기타소득세로 내게 된다.

단, 계약 이전 제도를 활용하면 해지로 간주되지 않고, 계약 유지가 되므로 세제 혜택은 그대로 받는다. 즉 연금저축 펀드로 계약 이전하면 보험처럼 매달 내도 되고, 한 번에 목돈으로 넣어도 된다.

요즘엔 연말 정산 시 국세청 홈페이지 '홈택스'에서 사전에 개인의 세금 환급을 계산할 수 있고, 연말에 세금을 계산해서 금액을 다 채울지 여부를 결정해도 되니 연말 정산을 더 꼼꼼하게 할 수 있을 것이다.

연금저축 상품은 절세 효과도 있고 노후를 위한 저축이므로, 가입하고 수익을 내서 미래의 노후자금으로 활용해야 하니, 펀드로 투자해서 투자수익률 관리를 해야 한다.

만약 요즘같이 펀드의 투자수익률이 좋지 않을 때에는 금리보다 높지만 안정적인 채권형 펀드로 운영해도 되니, 조금씩 경제 공부를 해나가며 투자를 배우기에 안성맞춤인 상품으로 탈바꿈시켜보자.

98

노후 준비는 노후에?

나는 대학에서 노후 준비에 대한 교양강좌를 열어야 한다고 생각한다. 노후에 대해 한 번이라도 진지하게 고민해본다면, 대학 졸업 이후 삶의 방향을 결정하는 데 큰 도움이 되리라고 확신하기 때문이다.

강의 시간에 부모님 자산이 어느 정도인지 정리해보고(부모님을 경제적으로 도와드려야 하는지), 전공별 취업 가능한 회사의 연봉 및 근속 연수도 생각해보고, 결혼비용, 자녀양육비용 등을 쭉 계산하다 보면 아마 상당수의 학생들(계산을 제대로 한)은 자퇴를 하든 과를 옮길 것이다.

여러분도 지금 당장 아니면 이 책을 다 읽자마자 노후에 대한 생각을 깊이 해보기 바란다. 이미 일반적인 직장생활로는 답이 없다고 다른 챕터에서 이야기했지만 스스로의 상황에 맞춰서 노후 설계를 꼼꼼하게 해보길 바란다.

이렇게 노후에 대해 강조하는 이유는 그만큼 노후가 중요하기 때문이다. 노후에 대한 생각은 은퇴를 앞두고는 하지 말라 해도 누구나 다 한다. 하지만 지금 당장, 한 살이라도 빨리 생각해보는 것이 좋다.

여러분이 그렇게도 좋은 회사 또는 공무원을 선호하는 이유가 안정적으로 오래 다닐 수 있기 때문이 아닌가? 만약 5~10년 다니고 다 잘리는 회사라면 입사하려고 하겠는가?

인생도 마찬가지다. 자신의 인생에서 언제든 자금이 바닥날 수 있다는 것을 인지한다면 지금의 삶을 바라보는 시선이 달라질 수 있다!

아마도 지금의 여러분은 막연히 '회사를 꾸준히 다니면 되겠지' 또는 '지금 얻고 있는 소득이면 어떻게든 살겠지'라고 생각하고 있을 것이 분명하다.

99
저금리와 부동산은 무슨 관계가?

현재 한국은행이 정한 우리나라의 기준금리가 몇 퍼센트인지 아는가? 1.25퍼센트다. 여기서 이자소득세를 빼고 나면 실제로 우리가 적용받는 기준금리가 대략 1퍼센트 정도라고 보면 되겠다.

과거에 비하면 굉장히 낮은 금리이지만 내 판단에는 아직 멀었다고 생각한다. 현재 대부분의 선진국 금리는 마이너스 금리부터 0~1퍼센트대 금리를 유지하고 있다. 우리나라도 곧 그렇게 낮아질 것으로 쉽게 예상할 수 있지 않겠는가? 선진국들은 저금리 기조를 유지하고 있는데 오직 우리나라만 독불장군처럼 고금리를 계속 유지할 수 있을 것 같은가?

은행의 예적금 이자라는 것은 기준금리와 동반해서 움직이는 것이기 때문에 예적금 이자가 낮아질 수밖에 없는 것이고

한국 고령인구 추이

고령화 속도 세계 1위

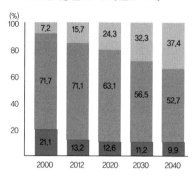

(자료 : 보건복지부)

저금리 시대 도래

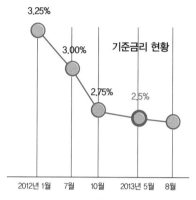

(자료 : 한국은행 경제통계시스템, 2013년 8월 기준)

주요 선진국 기준금리 현황

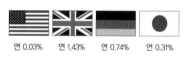

연 0.03%   연 1.43%   연 0.74%   연 0.31%

(출처/기준 :
– 한국은행 경제통계시스템 / 2013년 6월 기준
– 5년 만기 국채(단, 미국은 재무부 증권 5년)

보험사 공시이율 하락

(출처 : 흥국생명 연금보험)

그 이자, 즉 은행금리가 낮다는 것은 곧 대출금리가 낮다는 것과 같다. 각 금융권의 대출금리는 예적금금리가 떨어지는 만큼 떨어지지는 않지만, 대출금리도 시간이 지나옴에 따라 지금까지 계속 낮아지고 있다.

대출금리가 낮아진다는 것은 같은 이자로 대출받을 수 있는 금액이 커진다고 이해할 수 있다. 즉 일정한 금액의 돈을 대출받고 내는 이자가 금리가 높을 때보다 크게 줄어든다.

집을 사든, 전세를 구하든 내는 이자가 같은데 빌릴 수 있는 자금이 커진다는 것은, 대출금리가 낮아질수록 곧 부동산 가격은 오른다는 것을 의미한다. 지금 한창 떠들썩한 서울 강남의 분양시장 과열 양상도 여기에서 이유를 찾을 수 있다.

실제로 엄청난 규모의 돈이 갈 곳이 없다. 주식시장 상황도 좋지 않고 은행금리는 이제 바닥권이다. 아무리 돈을 은행에 예금이나 적금으로 넣어놓아도 이자는 쥐꼬리보다도 적게 나오지 않는가?

1990년부터 2016년 1분기까지 전 세계 집값의 추이

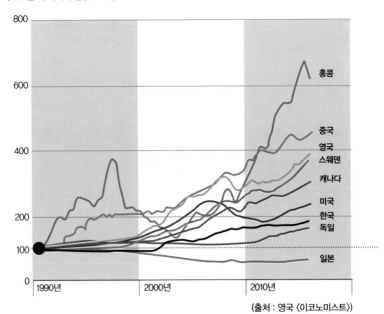

(1990년 각 나라의 집값 = 100)

(출처 : 영국 〈이코노미스트〉)

부동산＆금융 100문 100답

어느 누가 그 이자에 만족하면서 은행에 돈을 넣어두겠는가? 그러니 아파트 분양 시장에서 이런 갈 곳을 잃은 자금들이 조금이라도 더 높은 수익을 거두기 위해 계속 모이고 있는 것이고, 이 때문에 분양 시장이 현재 과열되고 있다.

또한 집을 사고 싶은 사람들도 대출이자가 워낙 낮기 때문에 큰 부담을 갖지 않고 주택을 구입할 수 있는 것이다.

앞의 표에서 보다시피 유럽 및 아시아 주요 선진국들의 집값은 고공 행진 중이다. 이 표를 보고 나면 강남 집값은 오히려 싼 것이 아닌가 하는 생각이 들 수도 있다.

저성장, 저금리에 전 세계적으로 많은 자금이 부동산으로 몰리고 있고 우리나라도 그러한 환경에 놓여 있다. 부동산 가격을 높이는 데에는 많은 변수들이 있지만 금리 인하는 부동산 가격 상승을 불러올 수 있는 가장 큰 요인 중의 하나라고 볼 수 있다.

100

펀드로 부자가 된 사람을 본 적 있는가?

펀드는 자본주의가 만든 아름다운 산물 가운데 하나다. 펀드를 잘 알고 꾸준히 투자한다면 물가상승률 이상의 소득을 거두는 것은 어렵지 않다. 하지만 펀드는 예적금이 아니다. 그냥 아무 은행에나 가서 가입해도 되는 그런 상품이 아니다.

1) 펀드 투자자의 조건

여러분이 아래 몇 가지 조건을 갖추지 못했다면 펀드 투자는 하지 마라.

① 난 내 펀드가 어디에 투자되는지 알고 있다.

② 난 내가 가입한 펀드의 투자철학을 알고 있으며, 그 철학에 동

의한다.

③ 난 3년 이상 펀드에 투자할 수 있다. 펀드는 언제든 떨어질 수 있으며, 또한 언제든 다시 오를 수 있다는 것을 자연스럽게 받아들일 수 있다.

④ 나는 주식에 3년 이상 투자한 경험이 있으며, 꾸준히 투자했고 관련 책도 많이 읽어보았다.

⑤ 나는 내 스스로 펀드를 관리하겠다. 그럴 능력이 충분히 된다.

따지자면 끝도 없다. 하지만 적어도 위에 적어 놓은 몇 가지는 펀드 투자를 하는 데 있어서 최소한의 기준이다. 하지만 대부분의 사람들은 저 반대로 하고 있다.

① 처음 보는 증권사 직원이 권유하는 대로 가입한다.

② 가입 후 마치 적금에 든 것처럼 어떠한 관리도 관심도 주지 않는다.

③ 내 펀드 이름도 모른다.

④ 가입 후 5퍼센트만 떨어져도 불안하고 팔고 싶다.

⑤ 펀드를 유지할지 말지 스스로의 판단이 불가능하다.

⑥ 신문 광고에 나온 펀드가 그저 좋다고 생각한다.

여러분이 위와 같은 사람이라면 과감히 지금 갖고 있는 펀드를 팔고 차라리 주식을 사라! 잃어도 당신 판단으로 잃는 게 낫다. 뭐라도 배우는 것이 있을 것이다.

2) 펀드로 부자가 될 수 없는 이유

또한 한번 생각해보자. 여러분 주변에 펀드로 큰돈을 벌었다는 사람을 본 적이 있는가? 정말 있는가? 내가 볼 때는 없을 것 같다.

사람들의 심리라는 게 참 이상하다. <u>펀드에서 수익이 생길 때는 기분이 좋아진다. 마냥 계속 오를 것 같다.</u> 내 펀드가 최고인 것만 같다. 술을 마셔도 하늘이 온통 황금색이다. 시간이 지나 계속 수익이 생기면 나 자신이 펀드 전문가가 된 것만 같다. 내가 전문가로서 잘 선택했기 때문에 그 결과로 이렇게 큰 수익이 생긴 거라고 생각하게 된다. 그러고는 계속 오를 거라고 생각하고 유지한다. 펀드는 역시 장기로 두는 게 좋다고 생각한다.

하지만 막상 <u>펀드 수익이 떨어지기 시작하면 불안해하다가도 다시 또 오를 거라고 확신한다. 그렇게 계속 기다린다.</u> 하지만 그렇게 떨어지다가 원금까지 떨어지게 되고 그러다 손해가 나면 그때에서야 환매를 한다.

수익이 크게 나서 기분이 좋을 때 환매하는 사람은 거의 없고, 오히려 손실을 보게 되면서 환매하는 사람들이 아주 많다는 것이다. 그게 바로 사람들의 심리이다.

사람은 이성적인 것 같지만 그렇지 않고 오히려 감성적이다. 그래서 이런 결과가 나오는 것이다. 따라서 펀드 관리를 로봇이나 컴퓨터가 아닌 인간이 하는 이상 수익을 보고 환매하기가 어렵다는 사실을 알아야 한다.

여러분이 펀드로 손해를 보고 있을 때 증권회사에 가서 이후에 어떻게 해야 하는지 물어봐라. 대부분의 증권회사 직원들이 계속 오랫동안 유지하고 있으라고 한다. 그래야 증권회사에 수수료가 계속 발생하기 때문이다. 그렇게 그들은 교육을 받은 것이다. 다시 말하지만 펀드는 당신을 풍요롭게 만들어주지 못한다.

3) 펀드 장기 투자는 망하는 지름길

펀드 장기 투자는 망하는 지름길이다. 모든 장기 투자가 그렇다는 것이 아니다. 단순히 꾸준히 사면서 오랫동안 투자하면 성공하리라는 믿음이 잘못되었다는 것이다.

자신이 투자하는 종목 및 펀드에 대해 잘 이해하지 못하고, 적당한 매도 타이밍을 잡지 못하고, 포트폴리오를 관리하지 않고, 은행에 저금하듯이 무작정 두는 것은 어리석은 짓이다.

그 이유는 적립식 투자가 장기로 이어지면 거치식과 같은 형태로 변하기 때문이다.

간단하게 설명하면 초기에 적립금이 적을 때는 매달 일정 금액씩 투자하면 오르든 떨어지든 리스크 관리가 가능하다. 오르면 오르는 대로 좋고, 떨어지면 싸게 매수할 수 있어서 좋기 때문이다. 하지만 적립금이 많아지고 나면 크게 떨어졌을 때 대응할 수 있는 방법이 없다.

매달 50만 원씩 투자하는 경우, 총 투자금이 500만 원에서 10퍼센트 떨어졌을 때 50만 원을 넣으면 손실을 상당히 만회할 수 있다. 50만 원이라는 적립금이 유의미한 경우다.

하지만 꾸준히 투자하여 총 투자금이 1억 원인 경우 10퍼센트가 떨어지면 1,000만 원이 순식간에 사라지고, 그때 50만 원의 추가 투자로는 손실을 만회할 수 없다.

펀드매니저들이 펀드 규모가 작을 때는 큰 수익을 내다가 커지면 수익을 못 내는 경우도 이와 같은 이유가 적용된다. 그나마 작은 수익률이라도 꾸준히 낸다면 훌륭한 펀드매니저라고 할 수 있다.

간단히 정리하자면, **펀드 투자 시 단순히 분산하여 꾸준히 오랫동안 투자하면 성공하리라는 믿음은 버리는 것이 좋다.**

참고문헌

| 도서 |

《신호와 소음》(네이트 실버 저, 이경식 역, 더퀘스트 : 길벗)

《뉴스테이 시대, 사야 할 집 팔아야 할 집》(채상욱 저, 헤리티지)

《왕초보도 100% 성공하는 부동산 투자 100문 100답》(박정수 저, 평단)

《나는 갭투자로 300채 집주인이 되었다》(박정수 저, 매경출판)

《대한민국 부동산의 미래》(김장섭 저, 트러스트북스)

《부동산의 보이지 않는 진실》(이재범, 김영기 공저, 프레너미)

《나는 부동산 싸게 사기로 했다》(김효진 저, 카멜북스)

《선대인, 미친 부동산을 말하다》(선대인 저, 웅진지식하우스)

《한국인의 부동산 심리》(박원갑 저, 알에이치코리아)

《당신의 투자를 망치는 주식시장의 17가지 미신》(켄 피셔·라라 호프 만스 공저, 이건 역, 부키)

| 블로그 |

http://blog.naver.com/hong8706(시장을 보는 눈, 홍춘욱 블로그)

http://www.tradingeconomics.com

박정수의 투자 조언 10계명

이것만 지키면 부자가 안 될 수 없다

1. 돈을 깔고 있지 않는다

돈이 나를 위해 움직이게 만들어야지 은행에 재워 두거나 집 안에 꽁꽁 묶어 두는 건 바보 같은 짓이다.

2. 제대로 된 복리를 이용해 목돈을 만든다

은행 저축이나 금리형 금융 상품을 이용하여 돈을 모아 봤자 나중에 물가상승률도 따라가지 못한다. 즉 가만히 앉아서 돈 을 잃어버리는 것이다. 돈이 제대로 굴러가게 만들어야 한다. 현재 홈쇼핑이나 은행, 광고 매체에서 떠드는 복리 상품은 제 대로 된 복리가 아닐뿐더러 당신의 돈을 갈취할 뿐이다.

3. 목돈이 모이면 소형 아파트를 구입한다

인구가 계속 유입되고 산업 단지가 있는 지역의 소형 아파트
는 독점이다. 시간이 지나도 그만한 물건을 찾을 수 없는 것이
다. 수요는 계속 늘어나는데 공급은 부족한 것이 소형 아파트
다. 소형 아파트는 나중에 금보다 더 큰 효과를 낼 수도 있다
는 것을 알아야 한다. 단, 전세를 끼고 소액으로 투자할 수 있
는 소형 아파트에 투자해야 한다.

4. 소형 아파트를 최대한 늘려나간다

소형 아파트를 한 채나 두 채에 만족하지 말고 열 채 스무 채
를 만들어야 한다. 열 채는 열 배의 효과를 내는 게 아니라 스
무 배, 서른 배의 효과를 만들어낸다.

　직접 경험해 보면 안다. 제발 따지려 하지 말고 무조건 실행
해 보라. 한 채에서 다섯 채까지 만들기는 어렵지만 열 채에서
스무 채가 되는 것, 스무 채가 서른 채가 되는 것은 정말 쉽다.
내 돈을 들이지 않고 말이다.

5. 현금 흐름에 초점을 맞춘다

대부분의 사람들은 시세 차익에만 초점을 맞춘다. 하지만 시
세 차익에 관심을 두지 말고 무조건 현금 흐름에 초점을 맞춰
야 한다. 내 주머니에 현금이 들어오게 만들어야 한다. 이게 부
자가 되는 방법이다.

6. 아파트를 통한 현금 흐름으로
돈이 계속 구르게 한다

돈이 은행에 있으면 썩은 물이나 다름없다. 돈은 계속 굴려야
한다. 그렇게 모아서 또 실물에 투자하는 것이다.

7. 부자가 되어야 한다는 강한 의지를 갖는다

똑같은 인생, 똑같은 삶인데 나는 왜 부자로 살면 안 되는 것
인가? 그동안 우리가 알고 있던 재테크 상식은 대부분 잘못되
었다 해도 과언이 아니다.

우리 주변의 재무설계사라는 사람들도 솔직히 부자가 아닐
뿐더러 부자가 되는 방법도 알지 못한다. 이런 사람들에게 배

울 건 하나도 없다. 제발 제대로 된 투자를 통해 부자가 되자. 당신은 멋지게 살아갈 가치가 있다. 멋지게 살라고 이 세상에 태어난 것 아닌가?

8. 누가 뭐라 해도 귀를 막고 위의 방법을 고수한다

주변에서 나에게 조언하는 사람들은 거의 다 아마추어다. 아니면 당신을 통해 다른 이익을 얻고자 하는 사람들이다. 그런 사람들 말은 듣지도 마라. 나도 그런 말에 많이 속아 왔다. 세상에 나를 진심으로 돕고자 하는 사람은 없다고 봐도 된다.

9. 박정수라는 사람을 최대한 이용한다

당신의 인생에서 박정수라는 사람이 가장 큰 나침반 역할을 하거나 가장 큰 도움이 될 것이다. 다시 말하지만 세상에 진심으로 당신을 돕고자 하는 사람은 없다고 봐야 한다. 어떻게 재테크를 해야 할지 잘 모르겠다면 나에게 컨설팅을 받아라. 당신의 인생을 바꿔 줄 자신이 있다. 당신도 인생을 바꿔서 멋지고 당당한 사람으로 거듭나고 싶지 않은가?

10. 세상의 재테크 정보는
당신을 부자로 만들어주지 않는다

우리가 아는 여러 가지 재테크 정보는 부자로 만들어주지 않는다. 나에게 큰 도움이 될 만한 정보가 쉽게 돌아다닐 것 같은가? 그렇게 유용한 정보라면 부자들이 잘 퍼뜨리지 않는다. 자잘한 재테크 정보에 관심 두지 말고 인생의 큰 그림을 그려 보라. 그 그림을 이루기 위해 나를 만나 보라. 지금까지와는 달리 당신에게 희망과 빛이 보일 것이다. 그리고 수년 안에 정말 부자가 될 것이다.

(《왕초보도 100% 성공하는 부동산 투자 100문 100답》에서 재인용)

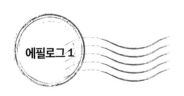
금융의 진짜 모습을 조금이라도 알았으면

나와 금융과의 인연은 이렇다. 대기업 회사원일 때 6년 가까이 금융회사의 고객이었고, 3년여 기간 동안 금융회사에서 컨설턴트 일을 했으며, 그리고 지금은 부동산과 금융, IT를 결합한 사업체를 공동 운영하고 있다.

내가 금융회사에서 일할 때는 회사로부터 고객 상담 진행을 위한 많은 정보를 제공받았다. 하지만 그 정보라는 것은 단지 회사의 이익을 내기 위한 것일 뿐, 직원을 위한 것도 심지어 고객을 위한 것도 아니라는 것을 나는 일찌감치 알았다.

결국 이런 부조리하고 불합리한 현실 때문에 고객은 큰 손실과 마음의 상처를 입는 일이 많고, 성공의 큰 꿈을 안고 입사했던 인재들이 하나둘씩 회사를 떠나기도 했다. 하지만 앞으로도 계속 수많은 영업사원들이 금융회사에서 알려주는 왜곡된 정보를 고객에게 전달할 것이다.

금융업계가 안고 있는 이런 고질적 문제 때문에, 나는 이 책을 읽는 독자분들만이라도 금융의 진짜 모습을 조금이라도 알았으면 한다. 또한 금융 상품을 통해 큰 부자가 되겠다는 헛된 기대감으로 무리하게 투자하는 일이 없었으면 한다.

이 책에는 우선 누구나 경제활동을 하면서 최소한 알았으면 하는 금융에 대해 정리했다. 또 지금도 좋은 대학, 좋은 회사에 들어가려고 피나게 노력하고 있을 사람들에게 꼭 전하고 싶은 돈과 성공에 관한 이야기를 적었다.

원고를 마무리지을 수 있도록 끝까지 아낌없는 격려와 지원을 해주신 박정수 대표님과 도서출판 평단의 최석두 대표님, 황인원 주간님 등 출간에 관여하신 분들께 진심으로 감사의 마음을 전한다.

그리고 항상 마음으로 응원해주시는 부모님, 맞벌이하며 아들 챙기느라 힘든데도 책 쓴다고 늦게까지 컴퓨터 앞에 앉아 있는 남편을 잘 이해해준 아내 정수진에게 감사한다.

2016년 11월 24일

김남수

우리 성공의 무대에서 함께 만나자!

올해 세 번째 책을 내며

나의 이번 책도 악성 댓글이 엄청나게 많을 것이다. 이 책은 내가 올해 세 번째 출간하는 책으로, 첫 번째 책은《왕초보도 100% 성공하는 부동산 투자 100문 100답》, 두 번째 책은《나는 갭투자로 300채 집주인이 되었다》이다.

내가 책을 쓸 수 있었던 것은, 무엇보다 어릴 적부터 들어온 "정수야! 너로 인해 너의 주변을 기쁘게 해라!" 하신 아버지의 가르침 덕분이다.

그리고 한 해에 세 권씩이나 책을 쓴 가장 큰 이유는, 좋은 성품을 가지고 열심히 살아가는 내 주변의 많은 사람들에게 부자가 되는 방법을 알려주기 위해서였다.

이전에 낸 두 권의 책을 읽은 독자 가운데는 부자가 되는 방법을 알게 되었다고 고맙다며 직접 나를 찾아오신 분도 많다.

살아오는 동안 겪은 힘든 이야기를 들려주시며 같이 눈물을 흘리신 분도 있고, 같이 힘을 내자고 화이팅도 하고 같이 더 큰 부자가 되자고 외치신 분도 있다. 현재 내 도움을 받으며 아파트 투자를 하여 부자가 되어가는 과정인 분들도 아주 많다. 그분들 모두 내 책 덕분에 인생이 180도 바뀌었다고 하시고, 나 역시 날마다 자부심이 커지는 행복을 맛보고 있다.

내 진심을 왜곡하는 분이 많을수록

그런데 한편 나의 책을 비난하는 엄청나게 많은 악성 댓글을 받기도 했다. 내가 10여 년간의 피땀 어린 노력과 경험을 가지고 큰 부자가 된 노하우를 세상의 좋은 사람들에게 가감 없이 전파하고 싶었을 뿐인데 이 모든 것을 의심하는 댓글들……

그래서 나의 책을 아무나 보지 말고, 성품이 좋고 하루하루 성실히 살아가면서 성공과 부를 이루고자 하는 사람만 읽어달라고 표지에도 적어놓았건만, 어떤 사람들은 나의 순수한 마음을 오해, 왜곡했고, 폄하와 비난도 서슴지 않았다.

마음먹고 하는 비난인데 어떻게 막으랴. 아무리 내가 좋은 의견을 말한다 해도 나를 의심하는 모든 사람의 인생에까지 좋은 일이 일어나기는 어려울 테니 안타까울 뿐이다.

내가 피를 토하는 심정으로 이렇게 하면 꼭 부자가 된다고 아무리 외치고 또 외쳐도 의심과 비난만 퍼부어대는 분들까지 설득하려는 노력은 하지 않으려고 한다. 정말 부자가 될 수 있는 정보가 필요하신 분한테는 앞의 책을 통해 내 순수한 마음이 이미 공기처럼 가서 닿았을 것으로 생각하니 말이다.

그런데 그것을 아는가? 이렇게 부정적이고 비관적인 사람들이 많으면 많을수록 부자들은 더 좋아한다는 것을. 그 사람들이 의심하며 부동산 투자를 안 하고 있을 때, 부자들은 좋은 투자 대상을 마음대로 살 수 있기 때문이다.

지금 하고 있는 일에서 최고가 되어야 한다

내가 쓴 세 권의 책에 담겨 있는 글은 10여 년간의 경험을 통해 캐낸 나의 보물 같은 노하우들이다. 수없이 많은 좌절과 고통을 겪으며 얻은 나의 소중한 자산이다.

자신하건대, 이번 책까지 내가 쓴 책 세 권을 무조건 다 읽고 내용대로 따라 한다면 여러분은 부자가 안 될 수가 없다. 하지만 난 단순히 책 내용대로 무조건 따라 하라고 주장하려는 것이 아니다.

이미 앞의 두 권에서 밝혔듯이, 여러분이 진정 부자가 되고 싶다면 지금 하고 있는 일에서 최고가 되어야 한다는 것, 지금

하고 있는 일에 미친 듯이 도전을 해야 한다는 것, 지금 하고 있는 일에서 더 높은 최고의 몸값을 받아야 한다는 것을 더욱 강조하고 싶다.

여러분의 인생이 명품 인생이 되길

일에서 성공하기 위해 열심히 도전하다 보면 최소한 투자가 가능한 자금은 스스로 만들 수 있다. 그것으로 투자의 최고 실물자산인 소형 아파트에 투자해 거대한 부자가 되었으면 한다. 그래야 여러분의 인생이 명품 인생이 되는 것이다.

여러분 스스로 자신을 존경하게 되고, 주변 사람들로부터 진정한 부러움을 받을 수 있는 사람, 많은 사람들이 보고 배우려는 사람이 되었으면 한다.

그냥 여윳돈이 있어 그것으로 부동산 투자를 하고 운 좋게 부자가 되었다면 그게 진정한 부자이겠는가? 그 속에는 땀이 없고 노력이 없고 역사가 없지 않겠는가? 피와 땀으로 이루어진 노력을 통해 여러분이 진정한 부자가 되셨으면 한다. 이런 과정을 거쳐 부자가 되었을 때 느끼는 그 자부심은 세상 그 어떤 것에도 비할 수가 없다!

부자는 자기가 부자가 된 비결을 알려주지 않는다

여러분이 성품이 훌륭하고 하루하루 성실히 살아가는 사람이라면 부디 책의 내용대로 무조건 소형 아파트 투자를 하시면 좋겠다. 주변에서 남들이 뭐라 해도 듣지 말고, 무조건 내가 말한 대로 따라서 하시라. 그러면 부자가 된다.

내가 아는 바로는, 부자들은 자기가 부자가 된 비결을 절대 남에게 알려주지 않는다. 그 어떤 부자가 이렇게 솔직히 책을 쓸 것 같은가?

하지만 여러분은 내가 10여 년간 배운 지식을 세 권의 책을 통해 몇 시간 만에 다 알 수 있지 않은가? 믿느냐 못 믿느냐, 실천을 하느냐 안 하느냐는 전적으로 독자 여러분 선택의 몫이다. 부정적인 사람은 평생 그렇게 살 수 밖에 없는 것 같다. 그게 그 사람들의 한계이다. 그런 사람은 항상 가난하게 살면서 또 다른 비난할 것들을 찾아다닐 것이다. 여러분도 그런 사람들처럼 살고 싶은가?

성공의 무대에서 함께 만나자!

부탁이다. 부자로 살아보자. 자기 스스로 자신을 존경할 만한 그런 부자로 살아보자. 비리비리한 부자가 아니라 거대한 부자로, 옹졸한 부자가 아니라 남에게 크게 베풀 줄 아는 부자로! 언제나 긍정적이고 도전하는 부자로 거듭 태어나, 인생 멋지게 살아보자.

나의 세 권의 책이 여러분의 인생을 180도 바꾸는 데 도움이 되었다면 이보다 더 기쁜 일이 어디 있겠는가?

우리 꼭 성공의 무대에서 함께 만나자!

2016년 11월 24일

박정수

부동산 왕초보의 금융자산 100% 활용 비법
부동산&금융 100문 100답

지은이 | 박정수 · 김남수
발행처 | 도서출판 평단
발행인 | 최석두

신고번호 | 제2015-00132호
신고연월일 | 1988년 07월 06일

초판1쇄 발행 | 2016년 12월 12일
초판7쇄 발행 | 2018년 7월 26일

우편번호 | 10594
주소 | 경기도 고양시 덕양구 통일로 140(동산동 376)
      삼송테크노밸리 A동 351호
전화번호 | (02) 325-8144(代)
팩스번호 | (02) 325-8143
이메일 | pyongdan@daum.net

ISBN | 978-89-7343-487-9 03320

값 · 16,000원

이 도서의 국립중앙도서관 출판예정도서목록(CIP)은
서지정보유통지원시스템 홈페이지(seoji.nl.go.kr)와
국가자료공동목록시스템(www.nl.go.kr/kolisnet)에서
이용하실 수 있습니다.

(CIP 제어번호: CIP2016028868)